リーダーの一流、二流、三流

吉田幸弘

明日香出版社

はじめに

あなたの周りで、リーダーに昇格したら変わってしまった人はいませんか。

「すごいトップセールスマンだったのに、別人のように覇気がなくなった」
「あんなに温厚な性格だったのに、怒ってばかりになった」
「いつも夢を語っていたのに、上司や部下の愚痴しか言わなくなった」

これらは、私が実際に目にしてきた人達です。

残念ながら、プレイヤーのときに活躍されていた方が、リーダーに昇格した途端、別人のようになってしまったのです。こんなケースは少なくありません。

リーダーって恐ろしい役割だと思った方もいるかもしれません。

実際、私もリーダーになった途端、混乱をきたしました。

きちんと動かない部下にイライラするけど、文句も言えずモヤモヤする。

年上の部下に言いたいことがあるけど、なかなか言えない。

上司から「リーダーなのだから、自覚を持って欲しい」と、何かあるたびに言われる。


こんなことが続き、病気になったこともあります。

また、「リーダーなんて大した手当も出ないのに、割に合わない仕事だ」とよく愚痴もこぼしていました。


しかし、私とはまったく逆で、リーダーになっても順調に仕事をして、より活気があふれる人もいます。

いわゆる、リーダーになってうまくいく人です。


この違いは何でしょうか。

一言で言うと、「リーダーの役割を知っているかどうか」です。

リーダーになってつまずく人は、プレイヤーの延長で仕事をします。

そもそもリーダーに昇格できるくらいですから、プレイヤーとしては素晴らしい業績を上げています。だから、すべてにおいて部下に勝とうとする、部下の助言は一切聞かない、弱みを見せない、上下関係をはっきりさせる……こうやって失敗するのです。

一方で、成功するリーダーは、自分よりできる部下がいるのは当然だと思っています。年上の部下には、リスペクトしながら、その人の力を借りて、大きな戦力になってもらいます。

うまく仕事を進められない部下でも、仕事はとり上げず、上手に誘導していきます。

実際、リーダーの仕事は非常に魅力的で楽しいものです。

プレイヤーのときより権限は大きくなりますし、個人の成長度合いよりチームの成長度合いのほうが格段に大きいので、やりがいもあります。

また、リーダーというポジションは、出世のスタート地点とも言われています。

もちろん、リーダーに昇格したこと自体が出世ではありますが、経営層への道ということで考えると、まさに出発点なのです。

ここで、私のことをお話しします。

現在、私は全国の会社組織や商業団体などで、経営者・管理職の方向けに部下育成の研修やセミナーを、年130回以上行っています。また、組織のコンサルティング活動も行っています。

会社員時代には、管理職として12年活動し、MVPも何度か獲得しました。

しかし、もともとリーダーシップの素養があったわけではありません。

今でいうパワーハラスメントのようなコミュニケーションをとって、部下に総スカンをくらい、降格人事になったこともあります。

降格人事も1回ではありません。3回も経験しています。

しかし、あるときから降格人事の悔しさを糧にし、書籍やセミナーなどでリーダーの素養を学び、七転び八起きをしながらそれを実践するようになりました。また、できる先輩リーダーがやっていることを積極的に学びました。

それからです。うまくいくようになったのは。

リーダーとしての素養は、後天的に自分の努力次第で身につけることができます。

実際、私の知っている方で、若い頃は何度も転職を繰り返していたのに、リーダーの素養を身につけてからは、上場企業の役員になられた方もいます。


私は会社員時代に、業界2位の大手企業、老舗の学校法人、外資系企業、上場しているベンチャー企業グループと、異なるタイプの会社及び団体に籍を置いていました。そして、それぞれの会社で、いろいろなタイプのリーダーと仕事をしてきました。

その中で、圧倒的な成績を挙げている一流のリーダーには、共通している行動・習慣・思考がありました。

それは、私が現在コンサルティングや研修などで関わっている一流のリーダー達とも共通しています。

それらをまとめたものが、本書になります。

本書は、私自身の経験および、私が研修やコンサルティングで関わっている会社のリーダー、そしてかつての取引先の方々を見て学んだことをもとにしています。

どうぞ最後までおつき合いくださいませ。

リフレッシュコミュニケーションズ　代表　吉田幸弘

リーダーの一流、二流、三流　もくじ

Chapter 1 一流の「心得・考え方」とは？

Chapter 2 一流の「時間術」とは？

Chapter
3
一流の「仕事の進め方」とは？

Chapter 4

一流の「上司とのコミュニケーション」とは？

Chapter 5 一流の「会議・ミーティング」とは？

Chapter 6

一流の「部下育成」とは？

Chapter 7 一流の「部下とのコミュニケーション」とは？

Chapter 8 一流の「チームづくり」とは？

カバーデザイン：小口翔平（tobufune）
カバーイラスト：山崎真理子

Chapter 1

一流の「心得・考え方」とは？

方針

三流は、厳しさを重視し、
二流は、楽しさを重視し、
一流は、何を重視する？

「人はサボるもの」「放置すると悪事を働くもの」という「性悪説」で考えるリーダーは、特に厳しさを重視します。ほとんどほめずに、叱ってばかり。

そのようなリーダーのもとでは、部下は「どうせ新しいことを提案したり意見を出したりしても、受け入れてもらえない」と考え、言われたことしかやらなくなってしまいます。こうなると、部下は育ちません。

一方、できるリーダーは、部下が仕事を楽しめるようにしようと考えます。仕事が楽しければ、どんどん自発的にとり組むようになるからです。

具体的には、次の3つの方法をとり入れると、部下が前向きに仕事をするようになります。

①成功体験を味わってもらう

難易度の高い仕事ばかりやらされると、モチベーションは低下してしまいます。仕事が楽しいと思わせるためには、部下に成功体験を味わってもらうのです。

そこで、部下ができる難易度の仕事を与えるようにします。

②ほめる

期待に沿った仕事、期待以上の仕事をしてくれた部下に、心の底から感謝し、それを示します。うまくいったときは、ほめるようにしましょう。ほめることで、部下のモチベーションは上がります。

③工夫する

仕事の成果を互いに称え合う場をつくったり、おもしろい仕事のアイデアを出し合う会議をしてみましょう。仕事を「楽しくする」アイデアは、一見するとムダなようにも思えますが、心にゆとりをもたらし、ポジティブな気持ちを生み出します。メンバーの心の中がポジティブな気持ちで満たされると、不思議なくらい生産性が高まります。

これらの方法で部下に仕事を楽しんでやってもらうことは重要ですが、それだけではまだまだです。一流のリーダーは、もっと先のことまで考えます。

現在は、終身雇用を保障できる時代ではなくなりました。よって、どこの会社でも通用できるポータブルスキルを磨かなくてはならなくなっています。

そこでリーダーは、成長につながるような仕事を部下にさせる必要があります。

仮に部下の力が100だとして、もちろん150の仕事をひとりでやらせるのは不可能です。でも、110の仕事だったら、きついかもしれませんが、挑戦意欲も増すでしょう。適度な負荷を与えるということです。

無理をさせると、そのときは感謝されないかもしれませんが、3年後、5年後、きっと部下に感謝してもらえるようになります。

元プロ野球監督の野村克也氏の名言のひとつです。

「財を遺すは下、事業を遺すは中、人を遺すは上なり」

人を育てるのは、リーダーの大切な仕事ですね。

Road to Executive

一流は、部下の成長を重視する

☑ 部下を少し上の目標に挑戦させる

視点

三流は、自分の視点で仕事をし、二流は、2階級上の上司の視点で仕事をし、一流は、どの視点で仕事をする？

プレイヤーのときは、自分の視点で仕事をしています。だから、自分にとって最適な選択をして行動します。しかし、リーダーになったら、もっと視点を高く持たなければなりません。

それなのに、プレイヤーのときの感覚が抜けない人がいます。これでは、三流のリーダーです。

当然、上司とリーダーの視点も違います。

リーダーであるあなたの視点では満足いく仕事であっても、上司からは評価されない可能性があります。

「評価を上げたければ、2つ上の役職の上司の視点で仕事をするといい」と言われています。それは直属の上司（ひとつ上の役職の上司）を評価する人の視点だからです。直属の上司の評価が上がる要因を、あなたがつくった。そうなれば、直属の上司はあなたに高い評価をしてくれるでしょう。

しかし、このような視点ではまだまだ一流とは言えません。

リーダーになったら、さらに上の視点、経営者の視点で仕事をしていくようにしましょう。なぜなら、リーダーになると、はじめて経営資源を使える立場になるからです。

もちろん、平社員の頃から会社のリソースを使うことはできるかもしれません。しかし、マネジメントするという視点は、リーダーからになります。

全員がそうではないと思いますが、従業員の感覚だと、会社から要請された出張だから、会社の費用でやることだからといって、平気でムダなことをしてしまいがちです。

しかし、経営者の視点であれば、**コストに対する意識が高くなります。**

「そんなもったいないことはやめておこう」「こちらのほうが安いな」「これはリターンが望めないからやめておこう」と考えなくてはなりません。

さらに経営者の視点だと、長期的に物事を考えられるようになります。

長期的な視点で、リーダーがやるべきことは「人材育成」です。

人材は、なかなか短期では思うように成長していきません。

いい人材を育成すると、他社と差別化ができます。

昨今では、インターネットの発達などにより、いい商品やサービスを開発しても簡単に模倣されてしまいます。しかし、人材は簡単に模倣されません。


リーダーは、将来を見据えて人材教育をしていかなければならないのです。


自分や自分の部門の仕事だけしか見ていないと、非常に視野が狭くなってしまいます。

また、少し今の仕事ができるだけで「俺ってすごいな」などと勘違いをしてしまうこともあります。同業他社からはもちろん、異業界にもビジネスのヒントはたっぷり詰まっています。上の視点を持てば、これらからも貪欲に学べるのです。

人は自分の体験から学ぶだけでは限界があります。他人の体験にもヒントはたっぷり詰まっています。視野を広げていきましょう。

Road to Executive

一流は、経営者の視点で仕事をする

☑ 視野を大きく広げて判断する

規則

三流は、ルールを無視し、二流は、ルールは絶対と考え、一流は、ルールをどう考える？

ある通販会社での出来事です。

お客様から注文の電話が入りました。時刻は19時を3分過ぎています。

その会社では19時までの申し込みなら、翌日の配送で対応していました。

しかし、お客様はどうしても明日の配送にして欲しいとお願いしてきたのです。

でも電話に出たリーダーのKさんは、「ダメです。できません」の一点張りです。結果、お客様は怒ってしまい、他社に相談してみるからと言って、電話を切ってしまいました。

このケース、対応する策はなかったのでしょうか？

Kさんは、「ひとつ違った対応をすると、全部に適応しなくてはならないからダメ」と言いますが、そうでしょうか。

数日後、ライバルの同業他社の商品の注文が、20時から21時に多く入っているということがわかりました。それを知ったメンバーのひとりがKさんに、数人だけでも遅番で21時までの勤務にして対応したらどうかと提案します。

しかし、Kさんは「ウチは朝、きちんと出勤するのがルールだからできない」と言います。

確かにルールは大切ですが、固執しなくてはならないのでしょうか。

違うリーダーのMさんは、次のように考え、行動しました。

朝10時には必ず出勤し、19時退社はルールである。しかし、「お客様のため」などといった理由が明確なら、変えることも検討できるはずだ。

毎日10時に朝礼しているが、毎日やらなくても週2回でいいのではないか、と考えたのです。

結果、部長に相談し、フレックスタイム制を設け、交代で遅番を設けました。

確かにルールは守らせる必要があります。

しかし、ルールを制定した当時と今では、状況や環境が異なっているかもしれません。

ルールをつくった根拠を考えずに、「いいから守れ」と強制していたら、部下も納得いかないでしょう。

そんなことをしていたら、提案することをあきらめて、自分で考えなくなってしまう部下もいます。

一流のリーダーは、ルールをガイドラインのひとつと考えます。

守らなくてはいけないが、他に適したやり方があれば変えることができるものと、捉えています。柔軟に運用できればいい、状況に応じて改訂すればいいと考えるのです。そもそもルールは絶対不変なものではありません。

一流のリーダーは、ルールは変えていくものだと思っています。

なお、ルールと似たものでマニュアルがあります。マニュアルもがんじがらめにするのではなく、余白をつくっておくのです。

余白をつくることで、柔軟な対応をとることができ、メンバーの自発性も育つのです。

Road to Executive

一流は、ルールは変わっていくものと考える

☑ 臨機応変に対応できる柔軟性を持つ

理想のリーダー像

三流は、威厳のあるリーダーを目指し、二流は、統率力のあるリーダーを目指し、一流は、どんなリーダーを目指す？

あなたが考える理想のリーダー像は、どのようなものですか？

リーダーは部下に対して威厳を見せなければならない、と思っている人がいます。部下になめられてはいけないという理由でしょうが、リーダーとして力不足なのを威圧感でカバーしようとしても、部下に見透かされてしまいます。

指示をどんどん出していく統率力のあるリーダーはどうでしょう。おそらく、威張ったりしなければ、部下もついてくるはずです。

しかし、リーダーがメンバーを引っ張り、それにメンバーが続くという組織では、リーダーの能力以上の結果が出なくなってしまいます。

理想は、メンバーが自ら考え、能動的に動くチームです。

そのために一流のリーダーは、共感を大切にしなくてはなりません。部下は共感できると、能動的に動いてくれるようになります。

業績が低迷したり、アクシデントが起きたりして、部下のモチベーションが落ちたときは、能動的に動いてもらうのが難しくなります。しかし、そんなときでも、部下をうまく動かせないと、一流のリーダーとは言えません。

そこでリーダーは、次のようなことをします。

① 傾聴する

例えば、営業先のお客様から理不尽な対応を受けて、部下が落ち込んでいたとします。

そういったケースで、「元気出せよ」という言い方では、部下の共感を呼ぶリーダーにはなれません。「なんでそうなったんだ。考えろよ」なんて言うのは言語道断です。

この場合、まずは「大変だったよな」と部下の気持ちに寄り添うのです。部下の位置まで降りていくのです。「共に在るよ」ということを示します。

たとえいい解決策を話せなくても、気持ちを合わせることで、部下から信頼されるようになります。

② 自己開示する

部下は成功談を話すリーダーより、失敗談を話すリーダーに共感します。

もちろん、リーダーであるあなたが、失敗ばかりしてきたわけではないということを、部下も知っています。なぜなら、失敗しかしていなかったら、リーダーになっているはずがないからです。

③ 理不尽な対応をとらない

上司から無茶な命令があり、部下にやらせないといけないときなどに、感情をむき出しにして、「いいからやれ」と言ってはいけません。

今まで信頼を積み重ねようと行動してきたものが、水の泡になってしまいます。

いかなるときも、感情を整え、冷静になり、「その仕事をやる理由」を明確に説明できるようにしましょう。

Road to Executive

一流は、共感を呼ぶリーダーを目指す

☑ 部下の気持ちに寄り添う

部下育成の心構え

三流は、キリギリスになり、二流は、アリになり、一流は、なんの昆虫になる?

チームのメンバー全員がいい成績を残しているということは、ほとんどありません。仮に他社から素晴らしいメンバーを引き抜き、ドリームチームをつくったとしても、2:6:2の法則（優秀な人:普通な人:できの悪い人）はできてしまいます。

ここで、リーダーがやってしまいがちなのが、上位2割ばかりをあてにしてしまうことです。野球にたとえると、エースで4番打者的な存在に頼ってしまうのです。

エースの部下が、ずっと自分のチームにいるとは限りません。部署を異動する場合もありますし、昇格して別の部署の管理職になってしまうかもしれません。また、場合によっては、条件のいい他の会社に引き抜かれてしまうかもしれません。

このような事態が起こりうるので、**エースがいなくなったときの「そなえ」が必要です。**

三流のリーダーは、エースがいなくなって、はじめて焦るのです。

当然、慌てて他の部下を指導しても、部下育成には即効性がないので、チームが崩壊、あるいはリーダー更迭の憂き目を見ることになります。

この現象は寓話「アリとキリギリス」に出てくるキリギリスに似ています。

ちなみにキリギリスは、夏はバイオリンを弾き、歌を歌ってラクをしながら過ごします。しかし、冬がやってくると、食べるものを準備していないので、飢え死にしてしまいます。


一方で、「そなえ」のあるリーダーは、エースがいなくなっても大丈夫なように、メンバーを育成します。

部下と同じ視点に立ち、ひとりひとりのメンバーに細かく指示を出して教えます。誰もが同じ行動をとれるように全員を育成するのです。

また、業務を標準化することでも、同じ作業ができるようにします。

このように素晴らしい「アリ」のような思考ですが、リーダーとしてはまだまだです。

ずっと部下と一緒にいて指導をしていくスタイルですと、部下が自発的に動かなくなってしまうのです。ある程度の業績は出るかもしれませんが、部下が育たないと、チームは成熟していきません。

一流のリーダーは、アリの視点とともに、ときにミツバチのように、空からの高い視点を持ち合わせています。

すると、**同じ位置にいたのではわからないことにたくさん気づけます。** 何よりも広い視点でメンバー、チーム全体を見渡せます。

メンバーにはそれぞれ強みがあります。「前に出て引っ張るタイプ」「専門分野で貢献するタイプ」「縁の下の力持ち的タイプ」など。メンバーがどのようなタイプで、どのような仕事で強みを発揮できるかが、広い視点だからこそ気づけるのです。

それだけではありません。広い俯瞰的な視点を持っていることで、エース級の誰かがいなくなったとき、あるいは休んだとき、誰だったらカバーできるかまで、そなえておくことができるのです。

また、いつもメンバーと一緒にいるわけではないので、メンバー自身が自分で考えて行動するようになるという利点もあります。

Road to Executive

一流は、ミツバチになる

☑ 部下の特性を見極める

部下のモチベーション

三流は、モチベーションなんて関係ないと考え、二流は、モチベーションを上げようとし、一流は、どうする？

仕事なんだからモチベーションがどうこうなんて甘ったるいことを言ってるんじゃない、と思ったリーダーがいるかもしれません。

しかし、**人は機械ではありません。感情があり、モチベーションの影響はあります。**

リーダーのAさんは、部下のモチベーションを上げることが大切だと感じていました。

しかし、部下のモチベーションを上げようとする上司の働きかけは、失敗になることも少なくありません。なぜなら、モチベーションの源泉は複雑だからです。

例えば、加藤さんにそのやり方をさせるとモチベーションは上がるのに、田中さんに同じようにさせると、逆にモチベーションが下がる場合もあります。

また、リーダーからの「この場合はこうするといいよ」というアドバイスが、部下には自分が創意工夫する余地を奪われたように感じられたり、信頼されていないと感じられたりすることがあります。

ほめ言葉が、おだてに思えてしまう、わざとらしいと思われてしまうこともありえます。

モチベーションを上げようとしたのに、逆に部下のモチベーションを下げてしまう危険性があるのです。

ですから、部下のモチベーションを引き上げようとするより、モチベーションを下げてしまう要因を除去するように努力しましょう。意欲は部下自身、勝手に湧いてきます。

モチベーションを下げる要因として、否定ワードがあります。

部下に対して懐疑的、あるいは自分のほうが能力が高いところを見せようと虚勢を張るリーダーは、部下が言ってきたことに対して、つい否定の言葉を使ってしまいがちです。

具体的には、次のような言葉です。

「でも」「だからさあ」「どうせ」「そんなはずないだろう」「ちゃんと考えて言っているのか」

これらの言葉は封印して、部下の話を受け止める言葉に変えるのです。

具体的には次のような言葉です。

「確かにな」「そういうことか」「なるほど」「おもしろい視点だね」「そんな考え方もあるね」否定言葉を使うのをやめるだけでも、部下のモチベーション低下を防ぐことはできます。

また、それぞれの部下が、どんなときにモチベーションが下がるかの傾向を掴んでおきましょう。

例えば、Aさんは分析型タイプなので、根拠や背景を伝えて頼まないとモチベーションが下がる。Bさんは感性型なので、自分で考えてやれる余地がない仕事をやるときにモチベーションが下がる。このように、それぞれのモチベーションが下がる傾向がわかれば、仕事を頼むときにも注意し、回避できます。

また、お客様へのデータ配信の仕事がある火曜日はモチベーションが下がるとか、請求書作成が必要な月末にモチベーションが下がるなど、時期や仕事のタイプからも判断することができます。

もちろん業務の性質上、その仕事をなくして他の人に回すことができないものもありますが、その時期は他の複雑な仕事はなるべく振らないようにしよう、という対策をとることもできます。

Road to Executive

一流は、モチベーションを下げる要因を除去する

☑ 部下のモチベーションを下げる原因や傾向を把握する

Chapter 2

一流の「時間術」とは？

仕事の
スピード

三流は、速さにこだわり、二流は、早さにこだわり、一流は、何にこだわる？

部下に頼んだ仕事が期日に遅れる場合、たいていの原因は「速さ」より「早さ」にあります。ここでいう「早さ」とは、「スタートする時間」です。

仕事が遅い部下は、たいてい着手が遅いことに原因があります。着手を早めれば、仕事のスピードは上がります。

特に新しい仕事や複雑な案件は、とり組むまでに時間がかかってしまいます。

リーダーは部下に何かをお願いしたら、提出期限とともに、着手したかどうかを確認する必要があります。

そして、仕事の着手が遅い部下に対しては、「着手するのに何か困ったことはないか」と声をかけたり、仕事を細分化して、小さいタスクからでもとりかからせるようにします。

しかし、そうはいってもたくさん仕事を抱えていて、早く着手できないというケースもあります。

そこでリーダーは、もうひとつ先の視点で考えなければなりません。

それは「ムダな仕事」をなくすことです。

慣習だからそのまま続けているムダな仕事はないでしょうか。

例えば、ある会社では月次の営業部の会議に使う10ページの報告書を作成するのに、丸2日かけていました。

実際にその話を聞いた私は、報告書をもっと簡潔にできないかを聞いてみました。すると、「前からこのような形式の報告書をつくっているので、そのままやっている」とのことでした。

しかし、担当役員である営業本部長に聞いてみると、こんなに分厚い資料よりも、もっと簡潔にして欲しいとのことでした。どうも、他社に転職した前任の部長の方針だったようです。

ならば、必要ありません。早速、A4・1枚のシンプルな報告書に変更します。これだけでだいぶん、作業時間を減らすことができます。

項目がたくさんありすぎて時間がかかる割には誰も見ていない日報、常務しか読まない研修報告書、誰も読まない出張報告書……このようなものも、やめることを検討したほうがいいでしょう。

やめるかどうか、客観的な視点で判断するのも、リーダーの仕事と言えます。

また、提案書のグラフの色に必要以上にこだわる、罫線の太さに固執するといった自己満足の仕事もムダです。「これは入れておいたほうがいいだろう」という「念のため仕事」もそうです。

リーダーはそのような仕事をしている部下には、注意しなければなりません。
「誰のため」の仕事かが、大切になります。

Road to Executive

一流は、仕事をなくすことにこだわる

☑ ムダな仕事をするのはやめる

予定管理

三流は、ＴｏＤｏリストを頼り、二流は、スケジュール表に細かく書き込み、一流は、どうする？

仕事をするとき、ＴｏＤｏリストを作成する方が多いと思います。

しかし、ＴｏＤｏリストは、月・週の全体像を見られないので、長期間要する仕事を管理しにくいことや、部下自身で完結させる仕事までチェックできないことが欠点です。

そこで、**月・週の全体を見渡せるスケジュール表に書き込むようにします。**

仕事が発生した時点で、着手日、期日、中間確認の日などをすぐに書き留めます。

すると、1日30分のＴｏＤｏリストの作成時間を、部下とのコミュニケーションなど、他の仕事に回すことができるようになります。

また、リーダーはプレイヤー以上に、次から次へと仕事が入ってきますが、その場ですぐに記入できれば、書き漏れの心配はありません。

さらに、月・週の全体を見渡すことができるので、仕事の管理がしやすくなります。第3週は少し仕事がオーバー気味だから、S社のコンペの資料は前週から作成しようなどと、「前倒し」の意識が高まります。

時間的に近い「やること」と、時間的に遠い「やること」の両方を見ることができるため、緊急でない重要な仕事も後回しにしなくなります。

優先順位を間違えなくなりますね。

また、部下の仕事も一緒に管理することができるので、キャパオーバーになりかけている部下の管理がしやすくなります。

例えば、社長経由で入ったF社の仕事は、比較的スケジュールに余力のあるEさんに任せようかと考えることができるのです。

しかし、一流のリーダーはこれだけで終わりにしません。

全体が見えるスケジュール表を使って、「時間の使い方のふり返り」をするのです。

ふり返りは毎日する必要はなく、月末にまとめて行います。
例えば、以下の項目をチェックします。

・予定よりも長引いたものはないか
・急に対応しなければならない仕事はどれくらいあったか
・会議や打ち合わせにどれだけ時間を使っていたか
・生産性のない社内での業務にどれだけ時間を使っていたか

自分自身はもちろん、メンバーの時間の使い方も検証します。社内の打ち合わせと会議に40%の時間を使っている、なんて驚愕の事実に気づくかもしれません。

メンバーを含めたチームの時間は、会社の資源でもあります。リーダーは資源を有効活用しなければなりません。リーダーは、ふり返りをして、時間の使い方を分析し、有意義な活動に変えていかなければならないのです。

Road to Executive

一流は、スケジュール表から時間の使い方をふり返る

☑ 時間の使い方を検証する

作業時間の見積もり

三流は、無理な作業時間を見積もり、
二流は、きっちり作業時間を見積もり、
一流は、どのように見積もる？

例えば、会社の20周年記念パーティーの案内をすべての取引先に送るとします。

リーダーは明日から1週間出張なので、どうしても今日中に発送まで終わらせておきたい。残り時間は8時間です。

一般的に仕事の時間を決めるときは、詳細な作業項目を洗い出して、それぞれの作業時間を見積もり、それを積み上げてすべての時間を算定します。

リーダーは、次のように見積もりました。

作業A：送付先リストをエクセルに入力（チームの5人で分担、3時間）
作業B：案内状のデザインに使う画像の候補を20枚、総務部からとり寄せる（1時間）

作業C：画像およびデザインを決定するミーティング（1時間）
作業D：社内デザイナーが作成（1時間）
作業E：印刷および封入作業（2時間）

この場合、合計8時間になります。

しかし、このように、作業時間を積み上げて、合計8時間と見積もってしまっては、リーダーとしては二流です。


実際、予期しないことがいろいろ起きました。

作業Aの途中に、メンバーのひとりがお客様からのクレーム対応で1時間半外しました。

さらに、入力の遅い人がいて、他の人の2分の1くらいしかできませんでした。

結局、当日の便に間に合わすことができなくなったのです。

細かく見積もりをしたのに、なぜ予定の時間通りに終わらなかったのでしょうか。

それは、「時間リスク」を加味していなかったからです。ここで言う「時間リスク」とは、予定が滞るリスクです。

例えば、「指示した内容と違うことをやっていた人がいた」「途中、いきなり上司から変更の依頼が入った」「入力が遅い人がいた」などの**人的な要因のアクシデントが起こることがあります。**

また、「途中である作業が追加で必要なことがわかった」など、**作業をはじめてから気づくこともあります。**

さらには、各作業の見積もりの担当者が無理な時間で回答しており、そもそもその時間では終わらせることができない、といったケースもあります。本当は5時間かかる作業なのに、自分をアピールしようとして「4時間で終わります！」、なんて言うメンバーもいるでしょう。

リーダーは鳥の目で俯瞰的に事象を見て、リスクヘッジを常に考えておかなければなりません。

Road to Executive

一流は、
トラブル発生を考慮した
作業時間を見積もる

☑ 予定外のことが起こると考える

時間の確保

三流は、お客様に対する時間だけ確保し、二流は、資料作成などの時間も確保し、一流は、どんな時間を確保する？

リーダーに昇格したBさんは元々トップセールスマンでしたが、これからも結果を出して背中で部下を引っ張っていこうと考えていました。

リーダーになり、社内の会議も増えましたが、それ以外の時間は、お客様のアポイントをどんどん入れていきます。社内の会議で使う資料作成や報告書を書いたりする仕事は、夕方帰社後に残業してやっていました。

いわゆるプレイヤーのときと同じペースで働いていたのですが、1カ月もすると時間が足りなくなってきました。

リーダーになると、社内の報告書の作成など、自己完結の仕事も増えてきます。ですから、「自分へのアポ」、いわゆる**「自分ひとりでやる仕事」の時間帯を確保しておく必要があるのです。**

仕方なくBさんは、見込みの低いお客様のアポイントを減らしたり、一部のお客様を部下に引き継いだりして、資料作成などの自己完結の仕事もアポに入れるようにしました。

しかし、それでも時間が足りません。


では、どうすればいいのでしょうか。

答えは、サボる時間をつくることです。

私が出会った結果を出している一流のリーダーの方々は、口を揃えておっしゃいます。

「リーダーはサボるのも仕事だ」「俺はサボる時間を確保している」と。

では、なぜサボる時間が必要なのでしょうか？

それには、主に3つの理由があります。

① 業務を止めないため

リーダーには事案の承認、決裁などの仕事があります。

仮に日常業務や会議で追われてしまうと、対応ができず、リーダーが決裁しないから業務が進まなくなった、遅れたために他社へとられてしまったといった状態になりかねません。リーダーがボトルネックになってしまうのです。

リーダーには、即時の対応と判断が必要になります。

②メンバーとの信頼関係を構築するため

リーダーに余裕がないことで、メンバーの話を聞く時間がとれない、聞いていたとしても聞き方がぞんざいになっているなど、メンバーに不満が高まり、信頼を損ねてしまう可能性もあります。

メンバーとコミュニケーションをとって育成することは、リーダーの大切な仕事です。

③長期的視野を持った仕事にとり組むため

ビジネス環境の変化のスピードが激しい現代では、常に新しいビジネスを考えていかなければなりません。また、ＩＴなどの発達によって仕事が模倣されやすくなっています。

リーダーは、短期的な仕事だけでなく、長期的な仕事をする時間も確保しなければなりません。

Road to Executive

一流は、
意図的にサボり時間を確保する

☑ 余裕を持って仕事をする

メール
チェック

三流は、着信があるたびにチェックし、二流は、1日2回チェックし、一流は、どんなペースでチェックする？

メールはすぐに返さなければならないという強迫観念にかられている人は、意外に多いのではないでしょうか。

しかし、リーダーになると、一般社員のときより格段にメールの届く量が増えます。

部下に同行したお客様からのＣＣメール、部下から部長に送るＣＣメールなど、直接対応しなくてもいいメールも出てきます。

ひとつひとつ着信のたびにチェックしていたのでは、営業時間中に仕事がほとんどできなくなってしまいます。

パソコンが起動するのに時間がかかるのと同様に、仕事が一度中断してしまうと、再度波に乗るまでには、時間がかかってしまいます。この波に乗るまでに要する時間を、私は

「起動時間」と呼んでいます。

ルーティン的な作業なら、この起動時間は少なくてすみます。

しかし、企画書作成や資料作成、アイデア出しなどのクリエイティブの仕事なら、起動時間は多くかかります。状況によっては、10分から15分くらいかかることもあります。

企画書を作成しはじめて、ようやく乗ってきたなと思ったときに、お客様から電話がかかってきて対応したら、元の集中した状態に戻らなかった、なんて経験がある方は少なくないでしょう。

仮に**平均的な起動時間を5分として、メールチェックを1日に20回すると、合計100分、約2時間近くの時間をムダにしていることになります。**これは恐ろしいことです。

一方で、メールチェックを出社時と夕方の退社前の2回だけしかしない、という人もいます。一般的に、メールは24時間以内に返せばマナー違反にならないと言われていますので、これでいいかとも思えます。

しかし、リーダーは、決済などの早く決断しないと業務の流れを止めてしまう、ボトルネックになりうる可能性のあるメールも受信します。ですから、部下以上の頻度でメールをチェックしていく必要があります。

では、一流のリーダーは、どのくらいの頻度でメールチェックをしているのでしょうか。集中力を継続させることができる**「ポモドーロテクニック」**という仕事術があります。

ポモドーロテクニックとは「25分間仕事に集中→5分間休憩→25分間仕事に集中→5分間休憩……」というリズムで仕事をする方法です。この方法を使うと、目の前の業務に集中でき、しかも集中力が切れないのです。

7時間~8時間はぶっ通しで仕事をしても集中力を継続できる、という素晴らしいやり方です。しかし、企画書作成など、仕事によっては集中的にやりたいものもあります。

そこで、おすすめなのが、50分仕事に集中したら10分休憩をとるというやり方です。すなわち、50分仕事をしたら、10分メールチェックをするのです。50分とは、一般的に集中力の続く時間と言われています。

1時間後にメールを返信すれば、送信してきた相手に文句を言われることもないでしょう。本当に緊急の用件ならば、電話をしてくるに違いありませんから。

Road to Executive

一流は、50分おきにチェックする

集中力が切れる時間に
メールをチェックする

ミスの軽減

三流は、セルフチェックを徹底させ、二流は、ミスの本質的な原因を突き止め、一流は、どうする？

「もっとチェックを徹底しろ」このように言って、セルフチェックを徹底させれば、少しはミスも減るかもしれませんが、いい解決策とは言えません。また、これでは、リーダーとしての工夫がまったく見えません。ある意味、リーダー失格です。

リーダーはミスが起こったら、原因を分析する必要があります。

例えば、

・特定の人に業務が集中してしまっている
・手作業なのでどうしてもミスが生じてしまう
・前の工程が遅れていたので、急いでやる必要があった
・仕事以外に悩みを抱えている

などの原因を突き止め、改善をしていく必要があります。

しかし、それでもミスは出てしまうものです。もちろん、ミスはよくありませんが、人がやっていることなので、仕方がないのです。

一流のリーダーはそれをわかっており、ミスが起きにくい仕組みを構築化しています。

例えば、次のようなことをしています。

・注意事項を書いた紙を見える場所に貼っておく

よく起きるミス、最近起きた重大なミスなどを貼っておき、注意を促します。

その他、価格改訂があった商品、商品名が変わったもの、廃止になった商品、取引がなくなった仕入れ先などの情報は、全員が見える形にしておきたいものです。

・手入力を減らすようにする

専用のシステムを構築するのが一番確実ですが、時間もコストもかかり現実的ではない場合もあるでしょう。その場合、エクセルなどを使って、商品をあらかじめデータベース化し、品名を選択したら型番や価格が自動で入力され、計算もされるようなシステムをつくっておくといいでしょう。

・チェックシートを活用する

手順や持ち物のヌケモレを防ぐことができます。

例えば、セミナーを会社以外の会場でやるときなどに備えて、持ち物リストを準備しておくといいでしょう。

・ダブルチェック機能をルール化する

セルフチェックに頼らず、２人チェック制のほうがミスを減らせることがわかっていても、リーダーが指示しないとなかなか動かないものです。リーダーがルール化しましょう。

リーダーは忙しいので、どうしても目先の仕事が優先になって、こういった手間を避けがちです。しかし、ミスが起きたら、かえって時間がかかってしまいます。

リーダーからすれば、こんなこともするのかと思うかもしれませんが、リーダー自らやることで、より注意を促すことができます。

Road to Executive

一流は、ミスが起きない仕組みをつくる

☑ リーダーが率先してミスを防止する

ファイルやフォルダの管理

三流は、ファイル管理を各々に任せ、二流は、ファイル管理のルールをつくり、一流は、どうする？

部下のSさんが長期休暇で海外へ行っているときに、得意先から、以前提出していた見積書について至急相談したいという電話がありました。

リーダーであるあなたは、Sさんのパソコンから見積もりファイルを探しますが、見つかりません。

このような非常事態、似たような経験をした方は多いのではないでしょうか。

実は、私達は年間平均で「150時間」もモノを探すのに使っています。

1日8時間、月20日働くと仮定すると、160時間になります。ですから、**1年のうち、およそ1カ月分の労働時間を「探し物」に使っていることになるのです。**

もちろん、ここで言う「探し物」は、PC上のファイルやメール以外にも、紙のファイルや資料などが含まれています。

当然ですが、この「探し物にかかる時間」は、何も成果を生み出しません。ムダな時間なので、削減すべきです。

そこで、ファイルの管理は、ルール化しておく必要があります。

大切なのは、誰が見てもわかるようにしておくことです。ファイルの中身のアイデアなどは属人化しても構いませんが、ファイル名などは統一して、皆がわかるようにしておきます。

本人がいないときに誰でも発見し、お客様にすぐ対応できるようにしなくてはなりません。

しかし、一流のリーダーは、ルールを変えるだけでは終わりにしません。

ルールはつくってからがはじまりです。

ルールを実際に運用させ、継続して守らせるのです。

特に日々忙しくしている営業マンや販売員は、社外にばかり目が行き、ついそちらを優先させてしまいます。

結果、社内のルールを後回しにしてしまったり、他にもルールがたくさんあるから、つい忘れてしまうなんてことも出てきます。だから、徹底させる必要があるのです。

もちろん、状況に応じてルールは柔軟に変えていく必要はありますが、まずは決めたルールを実行し、守らせるようにしましょう。

不具合やもっといい方法が出てきたら、変えればいいだけの話です。

なお、ルールはなるべく少なくシンプルにするほうがいいでしょう。複雑で覚えきれないルールをつくり、業務に支障が出てしまっては、元も子もありません。

一見、生産性のなさそうな整理等のルールは、忙しくなるとついないがしろにしてしまいます。一流のリーダーは、そうならないように工夫し、チェックします。

一流のリーダーは、ルールをつくっただけで満足したり、形骸化させません。

Road to Executive

一流は、ファイル管理のルールを実行し、継続させる

☑ 決まりごとはきちんと運用させる

社外の人との交流

三流は、社内の人とだけ接し、二流は、朝活に参加し、一流は、どうする？

「飲みニュケーション」と言って、しょっちゅう社内の人を誘って出かけている人はいませんか？　気ままなメンバーとお決まりの居酒屋で終電まで飲んで、ときにはタクシーで帰ることもあるでしょう。

もちろん、社内での交流は大切です。しかし、リーダーともなれば、ときには社外の人とも交流し、視野を広げるべきです。リーダーは幅広い視点を持たなければなりません。

仕事に関係ない人と交流するのは、時間がもったいないという方がいます。そのような人は、会社で参加させてくれるセミナーに行っても、隣の人とまったく交流しなかったりします。

しかし、**社外の人からは、違った業界ならではの普段得られない知識や、異なる視点が得られ、刺激になります。**

仕事のヒントは他業種にもあります。そもそもアイデアは既存の要素の組み合わせです。他業種で流行していることを自社にとり入れると、意外に発展することもあるのです。

特に社外の交流する場所にくるような人は、愚痴を言うこともなく、意識の高い人が多いのが特徴です。競争相手になることもありませんから、蹴落とし合いになることもなく、仕事のヒントになるノウハウを提供してくれたりもします。

社外の人と交流するのに「朝活（あさかつ）」をする方がいます。「朝活」は出勤する前に朝食をとりながら、読書会をしたり、あるいは決まったテーマについての討論会をします。

ときには有名な講師やビジネス書の著者の方が、格安の値段で講演していることもあり、非常にお得感もあったりします。

しかし、一流のリーダーは、朝活よりも夜のセミナーや食事会に積極的に参加しています。

朝、起きた直後は一番頭がさえていて、「朝の1時間は深夜の3時間分」と言う方もいます。だから**一流のリーダーは、朝の時間を大切にし、英語の勉強をしたり、ビジネス書を読んだりしています。**貴重な朝をインプットにあて、人との交流は夜にしようと考えるのです。

また、社外のメンバーと飲みに行くときは、時間を厳守しなくてはなりません。

もちろん、社内のメンバーと行くときも開始時間を守らなくていいわけではありませんが、お互いに仕事の状況もわかることから、「まあ遅れるのも仕方ないか」となります。

社外の人とはそういうわけにはいきませんから、定刻に間に合わないといけないという締め切り効果が出て、その日の仕事のスピードアップにもつながるのです。

Road to Executive

一流は、夜にセミナーや食事会の予定を入れる

☑ 人脈を増やし、
多くの知識や考え方を吸収する

Chapter 3

一流の「仕事の進め方」とは？

情報

三流は、情報の質にこだわり、二流は、情報の量にこだわり、一流は、どうする？

昨今では、インターネットの発展により、情報をいくらでも集められるようになりました。反面、情報は玉石混交になり、本当に有用なものを見極めることが難しくなっています。慣れないうちから、「質」を求めるのは難しいです。「量」をこなすことで「質」に転化します。

しかし、いくら「量」にこだわっても、正しい情報を得られるとは限りません。

仮に、リーダーのあなたが、次のように指示を出したとします。

「地方を元気にするビジネスを考えて欲しい」

この指示で部下は動けるでしょうか。

「地方元気ビジネス」というキーワードで情報収集しても、具体的な答えは出てこないでしょう。

ここで、**「まず質より量だ、情報を収集しろ」と言っても、おそらく有用な情報は集まらないでしょう。**

一流のリーダーは、このような指示の出し方をしません。指示を出す前に、仮説を立てるのです。

地方にはどのような会社があるだろうか ↓ 名産品など美味しい食材を生産している会社がある ↓ そのような会社は何に困っているか ↓ 人口の減少などに伴い、お店にくる人が減っている ↓ お店にくる人を増やすにはどうしたらいいか ↓ 全国の人に販売できるネット通販がいい

このように仮説から導き出すことによって、情報収集するテーマは「ネット通販での買い物実態」「ネット通販でライバルになりうる会社はどこか」などと、具体的に情報を収集する対象を絞り込めるわけです。

もちろん、この仮説は新たな情報が収集できたら、修正していく必要があります。また、ときには大きくずれてしまうことがあるかもしれません。

ですから、仮説を長々と考える必要はありません。1分ほどでストーリーを考えて、導き出せばいいのです。正解かどうかを考える必要はないのです。

実はこの**仮説というひと手間をかけることで、時間のムダもなくなります。**

「地方を元気にするビジネスがないか、情報収集して」と言うと、地方の会社を元気にするのではなく、地方に住む人々を元気にするのかと思って、その情報ばかりを集める人がいるかもしれません。あるいは、逆に地方で元気な会社をピックアップしてくるかもしれません。

「何か違うんだよな」と、やり直しをさせるのは時間のムダです。「もっと頭を使って考えろよ」と言うのも部下に酷です。これでは、「リーダーこそ頭を使え」となってしまいます。

部下に情報を集めてもらいたいときは、仮説を立て、情報を絞り込みましょう。ゴールから考えるので、自ずと質のいい情報も集まってくるでしょう。

Road to Executive

一流は、情報収集の対象を絞り込む

☑ どんな情報が欲しいのかを具体的にする

苦手な仕事や新しい仕事

三流は、我慢してやり、二流は、得意な仕事と組み合わせながら進め、一流は、どうする?

リーダーになると、報告書や資料の作成など、今までやったことのない新しい仕事が出てきます。

対面でお客様とコミュニケーションをとるのは得意だけど、事務処理は苦手だという人も、避けることはできません。プレイヤーとリーダーの仕事は違いますから、このような仕事が発生するのは仕方がないことです。

三流のリーダーは、修行の場だと思って、苦手な仕事にとり組みます。

しかし、苦手な仕事は長く集中を継続できないものです。私自身がそうでした。

はじめてリーダーになったとき、営業メンバーの業績を分析して、ここ3か月の行動をどのようにしていくかを、まとめなければなりませんでした。

このような仕事は苦手でしたので、非常に苦労しました。1時間に何度も自動販売機に行ったり、外に出て休憩したり、煙草を吸わないのにコーヒーを持って喫煙室に入ったり……。50分以上集中することができません。

苦手な仕事をずっとやり続けていると、苦痛になってしまいます。我慢してやっていても、効率が悪くなり、予定通り進みません。

できるリーダーは、苦手な仕事を得意な仕事と組み合わせながら進めていきます。

例えば、メールチェック（64ページ）のところで書いたように、25分苦手な仕事をやったら、お客様に電話してみる、あるいはメールを送信する、こういった形で得意な仕事と組み合わせていくのです。

また、苦手な仕事というのは、たいてい「仕事のかたまり」で、苦手と感じてしまっていることが少なくありません。新しい仕事に関しても、何だか難しそうだな、面倒だなと思っているだけのことも少なくありません。

そこで、仕事を細かい作業に分割してみるといいでしょう。

そうすることで、だいぶん気持ちも楽になってきます。

しかし、得意な仕事と組み合わせるだけでは、まだまだ一流のリーダーとは言えません。

では、一流のリーダーだったら、どのように進めていくのか?

上司や先輩、ときには部下の「集合知」を上手に使うのです。

「集合知」とは、多くの人の知識が蓄積したものを言います。どういうことかというと、やり方を知っている上司や先輩の「知識」をうまく借りるのです。

例えば、役員に出す営業分析の報告書なら、どのようにつくっていたのかを上司や先輩に見せてもらうのです。フォーマットはそれを参考にすればいいでしょう。

フォーマットをつくることに時間をかけても、価値は生まれません。フォーマットをつくることは「作業」です。**「作業」には、極力時間をかけるべきではないのです。**

ウンウン唸りながら机の上で考えていても、生産性はありません。あくまで価値を生むのは、内容です。

「作業」には労力をかけずに、価値を生む部分に力を入れるようにしましょう。ただし、価値を生む部分は、たとえ苦手なことであっても、必ず身につけておかなくてはならない素養です。得意な仕事と組み合わせてでも、やっていかなくてはなりません。

Road to Executive

一流は、
他人の知識を借りて進める

☑ 「集合知」を上手に使う

資料作成

三流は、ゼロからつくり、二流は、真似してつくり、一流は、どうやってつくる?

リーダーのAさんは、すべての資料を一からつくっていました。

部下に、「前に使った似たような資料はありませんか」と聞かれても、「手抜きをしたいのか」と言って、教えてあげません。リーダー自身が、新人の頃からずるはいけないと思って、時間をかけてきたからです。

その影響もあってか、Aさんのチームは残業時間が非常に多くなっていました。挙げ句メンバーは、複雑で面倒な企画書をつくらなくてはいけない案件を、受けないようにしたのです。苦労するなら、やらないほうがいい……。

これでは本末転倒です。スキルも上がりませんし、それこそ営業成績も上がらなくなってしまいます。

またAさんは、資料作成をクリエイティブな仕事と考えていました。
しかし、クリエイティブな仕事は、ゼロベースから考えなくてはなりません。提案書や企画書の作成は、クリエイティブな仕事ではないのです。

できるリーダーは、真似して楽をしようと考えます。

・A社に提出した企画書をB社に転用する
・部下のCさんが作成した企画書を部署の他のメンバーに回覧する
・隣の営業二課の企画書のフォーマットを真似する

これだと、だいぶん効率がよくなります。しかし、まだまだリーダーとして一流とは言えません。

リーダーは複雑な案件にも対応しなくてはなりません。ですから、真似で解決できる資料もありますが、新たにつくらなくてはならない内容の資料もあります。

そこで**一流のリーダーは、既存の資料を組み合せることで、対応しようとします。**

仕事を速くするために、既存の資料から使える部分を探し出します。それ以外にも、社内の関連資料から再利用できそうな部分を事前に選び出しておきます。

あるいは社内に限らず、書籍や雑誌、セミナーなどで使えそうだと思った要素があれば、スキャニングしてパソコンにとり込んでおきます。とり込んだデータは、次のようにフォルダ分けしてストックしておきましょう。

・報告書用
・企画書Aタイプ
・企画書Bタイプ

このように、資料作成で困ったときに検索できる、「資料作成の百科事典」のようなものをつくっておくのです。

そして、どれとどれを組み合わせればいいか、どの要素を入れればいいかを考え、部下にもアドバイスします。

いわゆる、資料をうまくコーディネートするのですね。

Road to Executive

一流は、コーディネートしてつくる

☑ 資料作成の百科事典をつくる

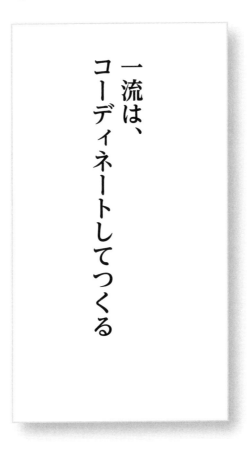

資料作成の心構え

三流は、丁寧につくろうとし、二流は、付加価値をつけようとし、一流は、どのようなものにする？

資料作成は自己満足に陥りやすいものです。

意外に忘れてしまうのが、資料を作成するだけでは、価値を生み出さないということです。それなのに、こだわってつくってしまうことが少なくありません。

仕事をしていく中でこだわりを持つことは、素晴らしいと思います。しかし、そのこだわりも度を超すと自己満足になってしまい、かえって依頼者から信頼を失ってしまうこともあるのです。

もちろん誤字脱字、転記ミスなどはあってはなりませんが、不必要に丁寧につくって時間オーバーしてしまうのは、もっとナンセンスです。

そこで、たいていのリーダーは次のように考えます。すべてのことにおいて付加価値をつけようとするのは非常に難しいので、1点だけでもプラスαの価値をつければいいと。例えばエクセルのデータをファイルで渡すときに、印刷設定の縮小や拡大の調整をしてそのまま印刷できるようにしてあげたり、たくさんの色を使ってわざわざカラフルにしてあげたりするのです。しかし、そのこだわりだけで時間を使ってしまう場合があります。

一流のリーダーは、付加価値をつけようとしません。それよりも依頼者の要望に応えることを最重要視します。資料作成をする場合は、次のことにこだわります。

・Q（クオリティ）

成果物の質です。正確な数値を把握したいのか、全体像がわかりやすいようにしたいのか、選択肢をいくつ欲しいのかなど、相手を満足させるポイントです。

・C（コスト）

どれくらいの時間をかけるのか、調査にお金をかけるのかなどです。

・D（デリバリー）

納期、いつまでに仕上げるかです。

これらをわかりやすく、漏れなくやるために、**5W2Hで書き出します。部下に指示するときにも有効です。**

・WHO（誰が使う、誰に）岩崎部長が使う
・WHERE（どこの、どこで）役員会で
・WHAT（何を）過去3年間のA商品、B商品、C商品の売上報告書
・WHEN（いつ、いつまでに）来週水曜日の10時までに
・WHY（なぜ必要なのか）商品Bのとり扱いを判断するため
・HOW（成果物はどのように）A4・2枚、1枚は表で、もう1枚は折れ線グラフで
・HOW MUCH（金額・コスト）経費はなし

このようにすれば、依頼者の求めているものができあがります。

資料作成は、相手のニーズを満たすものをつくることが目的です。どうしてもこだわりを持ちたいなら、時間（納期）を優先順位に据える、このように部下に指示しましょう。

Road to Executive

一流は、求められたアウトプットを出せればいいと考える

☑ ニーズを満たした資料を作成する

目標設定

三流は、最終結果の目標だけ設定し、二流は、途中の結果目標も一緒に設定し、一流は、どう設定する？

今期ひとり当たり1億円の売り上げを上げなければならないとします。しかし、前年度は８０００万円でした。この場合、売り上げを25％アップしなくてはなりません。

このようなケースでは、仮に目標を立てても、部下は「どうせ無理だから」と本気になりません。こういったケースでは、どうしたらいいでしょうか。

こういう場合、途中の地点までの目標を立てる必要があります。

さらに、やみくもに売り上げを追いかけても結果が出ないので、プロセスに目標を設定します。

例えば、四半期ごとに２５００万円を売り上げるだけでなく、新規開拓件数を5件ずつ増やしていく、あるいは既存顧客からの売り上げを１０００万円ずつ増やしていくなど、途中の時点での結果目標を設定します。

しかし、このような途中の目標を設定したとき、達成できればいいのですが、仮に達成できなかった場合、その要因を分析することができません。

原因分析ができなければ、目標達成に向かって頑張れと言っても、何の策もなく、精神的に頑張れと言っているだけです。当然、解決策もないので、目標未達成が続くだけです。

一流のリーダーは、このような解決策のないアドバイスは決してしません。うまくいかなかった場合、その要因を分析する必要があるので、行動にも細かく目標設定をします。

行動にまで目標設定をすると、部下が小さな成功体験を味わうことができます。

さらに例えば、月２００件見込みのお客様に電話でアポイントを申し込む、既存のお客様５００件に新サービスに関するＤＭを送る。

これらの目標は、「月10件のアポイントを獲得する」とは違います。

電話の２００件は、本人がきちんととり組めば、できるものです。

一方、10件のアポイントは、お客様が承諾しないとたどり着けません。自分だけでは完結できないものなので、必ず達成するとは限りません。
ですから、確実に成功体験を得られるものとして、自分で完結できる仕事の目標も設定しておくのです。

行動のプロセスを分解することで、どこの部分でつまずいているかがわかります。

営業で言えば、アポイント獲得ができない、アポイント獲得ができてお客様と面談までいけるが見積書の提出ができない、見積書の提出まではいけるが契約までたどり着かない、などに分解していきます。
そうすることで、クロージングを強めよう、あるいは警戒心を抱かれないように雑談力を磨こう、などの対策もとれるようになるのです。

もちろん、目標達成できるに越したことはありませんが、すべてがうまくいくわけではありません。改善が必要になります。その改善の部分を一流のリーダーは明確にします。そうすることによって、部下がどの部分を改善していけばいいかを理解できるのです。結果、達成にも近づきますし、部下も成長していくのです。

Road to Executive

一流は、細かい行動の部分まで目標を設定する

☑ 確実に成功体験を得られる目標をつくる

決断

三流は、常識を基準に考え、二流は、データを基準に考え、一流は、何を基準に考える？

プロ野球のお話です。

チャンスで劇的なホームランを打った選手が、ヒーローインタビューで、なんとなく直球がくるなと予感していましたと言っていることがあります。

この直感は完全に当てずっぽうです。科学的な根拠は何もありません。

しかし、野球選手は、幼い頃からずっと野球をやっています。場数を踏んでいて、経験が蓄積されているから、直感がはたらき、それが当たるのです。

ビジネスに関しても同じようなことが言えます。

私が新入社員の頃は、営業をしていても、このお客様は買うなどの判断がまったくつきませんでした。しかし、何年かすると、このお客様は買うのではないかという直感がはたらくようになって、当たるようになりました。

あまりいい話ではありませんが、怪しい取引先を直感で見抜いたこともあります。

リーダーは該当業務の素人ではありません。ある程度の経験があり、知識やスキルが身についているから、リーダーに任命されたのです。

だから、**リーダーの直感が当たることは少なくありません。**無意識ですが、今までの経験に基づいて直感がはたらいているのです。直感とは、過去の膨大な経験（データ）の蓄積から無意識に湧き出るもの、という考え方もできます。

つまり、過去の豊富な経験をベースにしつつ、直感を頼りに行われた決断は、たいていの場合において最良の選択であると言えるのです。

リーダーになると、「ここぞ」という場面で、極めて多くの選択や決断に迫られることが少なくありません。

特に重要かつ重大な決断ほど、スピードが要求されます。なぜなら、決断が遅れることにより、ビジネス機会を逃してしまったり、ビジネスが止まってしまったりすることにもなりかねないからです。こういう場合、ある程度、直感で動く必要があります。

もちろん、データで検証することはできます。しかし、**データを見ても100%確実ということはありえません。**

そもそもデータは過去に基づくものです。3カ月前はその通りだったかもしれませんが、今はそのデータが使えなくなっているかもしれません。

そうでなくても、現代は変化の激しい時代です。データを見ても判断ができないことはあります。そんなとき、常識や前例に振り回されるのは、リーダーとして問題外です。

何よりも部下が斬新なおもしろい案を出してきたときに、データや論拠ばかり探していたら、部下もやる気をなくしてしまいます。変革する勇気は、リーダーに必須な素養です。

十分な分析を行ったあとの決断の場面では、直感で決めたほうが、不思議とチームやプロジェクトはいい方向へ向かうことが多いのです。

よほどの大きなリスクが見つからなければ、多少は腹をくくって決断するのもリーダーの仕事と言えます。

Road to Executive

一流は、直感を基準に考える

☑ 最後の決断は自分の感覚を頼りにする

Chapter 4

一流の「上司とのコミュニケーション」とは？

振る舞い

三流は、テロリストのように振る舞い、二流は、アナリストのように振る舞い、一流は、どのように振る舞う？

部長が案件を持ってきました。

「B社が興味を持ってくれた。提案書をつくって欲しい」

またかという感じです。内心、あなたはこのように思っています。

「先月も似たようなことがあったよな。あれのせいで大変だったんだ。少しは営業のことも考えてくれよ」

こんなとき、あなたならどのように対応しますか。

「忙しいんですよ。他のチームにお願いできないんですか。先月もウチのチームが担当したじゃないですか」と思い切って断ってしまう。

この対応、満足しているのはあなただけです。あなたの評価は下がるでしょう。

考えてもみてください。リーダーであるあなたが、同じような立場で、部下のC君に仕事をお願いしました。そうしたらC君が、

「今、忙しいので、難しいです。D君とか暇そうじゃないですか。D君にお願いしたらどうですか。課長も私が忙しいのはわかりますよね」

と言ってきました。こんな対応をされたあなたは、どう思うでしょうか。

「Cの野郎、もうこいつにはお願いしない。いい仕事がきても回さない」

……同じように、部長もあなたに対してそのように思うはずです。

あなたのやっている行動は、テロリストのようです。

「言ってやった」で気分がいいのはそのときだけです。後悔ばかりが残ります。


次のような対応をする人も、いるのではないでしょうか。

「わかりました。今、他にも仕事があるので、調整してみます」

このような考え方をするリーダー、きっと慎重な性格です。今の自分の仕事の状態や、部下の仕事の状態を分析して、できるかどうかを考えるのです。いわゆる分析する、アナリストです。

先ほどのテロリストよりはいいですが、このような考え方では、まだまだ二流です。

部長は有無を言わずにやって欲しいのです。

ここで、**一流のリーダーは上司を待たせるような返事はしません。「やります」の一言で仕事を受けます。**結果、上司の評価を得て出世します。あるいは、大切な仕事を任されるようになるのです。このような人には、ナルシストの傾向があります。

ナルシストは、自分を目立たせようとします。また、自分はできる人だと思っていて、自分に対する期待値が高い傾向にあります。

だから、「自分にはできるだろうか」とアナリストのように考えません。

「私が指名された。やっぱり部長は、私だと安心だからお願いしたんだろう。ここは応えなくては！　それに、私には『できない』という言葉はない」と思うのです。

ナルシストタイプのリーダーは、まずは、「やる」と決め、それからどのように時間を生み出し、仕事を進めていくかを考えるのです。当然、部長は仕事を受けてくれるリーダーを評価します。

Road to Executive

一流は、ナルシストのように振る舞う

☑ 頼まれごとは、とりあえず引き受ける

上司からの指示

三流は、伝書鳩になり、二流は、2W1Hをしっかり伝え、一流は、どうする？

リーダーのCさんは、部長から「会社の方針で、来月は石川県の旅行商品を重点的に売っていくように」と指示されました。

このような上司からの指示を部下に伝えるとき、「会社の方針だから」「部長が言っているから」という言い方をしたら、部下も積極的に行動したいと思わないでしょう。

こんな指示の出し方をしているようでは、三流です。

こんなときできるリーダーなら、次の3点を明確にして指示します。

①なぜ、その仕事をやる必要があるのか、背景をしっかり説明する（WHY）

この場合、「なぜ、石川県の旅行商品なのか」を示さなければなりません。

仮に、部長からの指示に理由が入っていない場合には、リーダーは理由を聞きます。「いいからやれ」というタイプの上司の場合には、やる理由を考え、明確に部下へ伝えておかなければなりません。

また、部下のひとりを指名してチラシの作成をお願いするような場合は、なぜその人にお願いするかも明確にしなければなりません。

②何を（ＷＨＡＴ）

今回は「石川県の旅行商品」になります。ここを伝え忘れる人はあまりいないでしょう。

③どのような手段で（ＨＯＷ）

例えば、既存のお客様にＤＭを出す、どんな業界にアプローチする、キャンペーンチラシはどのようにつくるなどの手段です。

特に大事なのは、①のやる理由と、③のやり方（仕事の進め方）です。

①のやる理由、背景がわからないと、やっつけ仕事になってしまう部下もいるでしょう。理由がない仕事だと「やらされ感」が出てしまいます。

次に③の手段ですが、新人や若手社員、別の業界から転職したばかりの経験の浅い部下には、懇切丁寧に、商品を売っていく方法を説明していかなければなりません。

しかし、これだけでは一流のリーダーとは言えません。

一流のリーダーは、ときに③の手段を説明せず、部下に任せるのです。

もちろん、経験のある部下にはそうしているという方もいらっしゃるでしょう。

しかし、経験の浅いメンバーには、やり方をきちんと説明するケースがほとんどなはずです。「じゃ、石川県の旅行商品売っておいて」では、行動に移せない場合があるからです。

しかし、一流のリーダーは、ＨＯＷの部分を教えずに、自分で考えて行動するように導くのです。

経験の浅い部下でもいい方法を見出し、それがリーダーや他のメンバーにとっても、ヒントになるかもしれません。何より部下が自身で考えることで、成長スピードが増します。

そうはいっても、**部下が考えられないだろうというリーダーは、やり方を2つ提案し、二者択一で選んでもらう。**この方法なら経験の浅い部下でもできますし、自分が選んだことで、仕事を「自分ごと」として捉えるようになるでしょう。

Road to Executive

一流は、ときにＨＯＷを抜く

☑ 部下にやり方を考えさせる

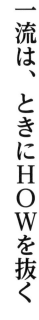

仕事を頼まれたら

三流は、期限が近づいてからやり、二流は、着手する日を決め、一流は、いつからはじめる？

リーダーになると、プレイヤーのときより、会議の回数や作成する資料が大幅に増えます。また上司や部下、関係部署などから、声をかけられることも格段に増えます。

リーダーのCさんはコミュニケーション力が高く、営業成績はトップでしたが、計画的に仕事を進めたり、事務処理をするのが苦手でした。つい場当たり的な仕事のやり方をしてしまい、期限の迫っているものから片づけていきます。「緊急性が高く、重要でない仕事」を、「緊急性が低く、重要な仕事」より優先させてしまっていたのです。

子どもの頃から、夏休みの宿題をギリギリになってから手をつけるタイプだったのですが、リーダーとなった今でも、ギリギリにとりかかることが多く、部下や事務職の方をひっかき回して、仕事を手伝わせています。

これでは、質の高い仕事ができません。
このような仕事の進め方をするリーダーなんていないだろうと思われるかもしれませんが、意外に多いものです。

一方で、隣の課のリーダーのBさんは、長期間を要する仕事を頼まれたら、ゴールからざっと逆算して、開始日をスケジュールに書き込んでいました。

仕事を期限に終わらせることのできない人のほとんどは、着手が遅いのです。

人は意外に着手するまでに労力を要します。特に複雑な仕事や、はじめてやる仕事はその傾向が強くなります。

皆さんも新しいことをやろうと思っていたのに、つい面倒くさくて先延ばしにしてしまったなんていう経験はありませんか。

Bさんは、仕事を分割し、開始日も決め、あらかじめその仕事に費やす時間も確保していました。

しかし、これでもBさんはまだまだ一流の仕事のやり方をしているとは言えません。
このような几帳面なリーダーのBさんも、たまに期限ギリギリになってしまうことがあるのです。

では、一流のリーダーはどのような仕事のやり方をしているのでしょうか。

実は、**一流は着手日を決めないのです。**

えっ、それでは三流のリーダーと同じではないかと思われた方もいらっしゃるかもしれません。しかし、もちろん、三流のリーダーとは違います。

一流は、仕事の全体像を掴むため、仕事を受けた時点で数分でもいいので、その仕事にとりかかるのです。

上司から仕事の説明を聞いたばかりなので、作業のイメージもはっきりしていて、計画が立てやすくなります。さらに、「ここのパートは遅れるかもしれない、バッファ（予備時間）をとっておこう！」などと考えられるのです。

また何より、その日のうちに関係各部門や、部下への依頼もできるので、相手もスケジュールを立てやすくなります。当然、相手からの信頼も高められます。

Road to Executive

一流は、数分でもいいので、その日のうちに着手する

仕事の全体像をいち早く掴む

割り込み仕事

三流は、すべての仕事より優先させ、二流は、断る勇気を持ち、一流は、どう対応する？

リーダーCさんは、上司から頼まれた仕事は常に最優先でやるべきだと思っていました。お客様からの仕事を抱えている場合でも、できるだけ上司のリクエストに応えようと、早く対応するようにしていたのです。

そんなすぐ動くCさんですが、意外なことに上司からの評価はあまり高くありません。なぜなら、部下から頼まれた複雑な案件を後回しにしたり、自身の仕事を渋滞させ、後ろの工程で仕事をする人に迷惑をかけたりすることが、少なくなかったからです。

一方、別のリーダーBさんは、お客様からの仕事や部下からの相談を最優先にしていました。上司のムチャぶりがあった場合は、他の仕事を後回しにしたりせず、期限をできるだけ延ばして対応していたのです。どうしても他の仕事で手一杯な場合は、勇気を出して

「できません」と断るようにしていました。

しかし、Bさんのやり方では、一流のリーダーとは言えません。一流のリーダーは、できるだけ、上司のリクエストに応えようとします。

もちろんお客様とのアポイントが1時間後にあるのに、3時間以内で対応といった無茶なリクエストには応えなくてもいいですが、ある程度良識のある依頼なら、必ず応えます。

また、上司に限らず、お客様からの急な依頼にもきちんと迅速に対応します。

一流のリーダーAさんは、常に予備時間を確保して対応していました。

予備時間とは、いわゆる予定が入っていない空白の時間です。

「空白の時間をつくるなんて、サボっているのと同じではないか?」と、思われた方は、注意が必要です。むしろ**予定がびっしり詰まったスケジュールにしていては、一流のリーダーとは言えません。**それどころか、リーダー失格です。「調整」というリーダーの仕事をする機会が持てません。

金融経済用語で「イベントリスク」という言葉があります。イベントリスクとは、事前に予測できない出来事によって引き起こされる混乱のリスクのことを言います。

一般社員に比べてリーダーは、このイベントリスクがかなり多くなります。

何かというとすぐに相談してくる部下、不意にチームの状況を知らせてくれと言ってくる上司からの予測できない仕事は、多く発生します。

一流のリーダーは、このリスクにそなえた「予備時間」をあらかじめ用意しています。「予備時間」で、急な上司からの依頼、急なお客様からの依頼、部下からの相談に対応するのです。

仮に割り込み仕事が入らなければ、新しい企画を考えたり、新規顧客のリストアップをしたりといった時間にあてればいいのです。

特に**リーダーは、ルーティンワーク以外の新しい商品を生み出す仕事や、利益を生み出す仕事を求められます。**そういった意味でも、予備時間は必ずとっておく必要があります。

このように、リーダーが予備時間をつくっておくのは必須と言えます。

Road to Executive

一流は、あらかじめ用意した「予備時間」で対応する

不意な仕事にも
対応できる時間をとっておく

相談

三流は、困ったらすぐ相談し、二流は、上司の様子を見計らって相談し、一流は、いつ相談する？

・部下がお客様とトラブルを起こし、リーダーだけでは対応できない
・部下が長期入院し、補充要員が必要になった
・大口顧客A社からライバルE社との相見積もりを暗示され、条件を変えることを余儀なくされている

仕事をしていると、このように日々いろいろな出来事が起こります。したがって、ビジネスのキホンとして「報告・連絡・相談は迅速に」というルールがあるのです。

だからといって、すべてにおいて困ったらすぐに相談すればいい、というわけにもいきません。上司は緊急の仕事を抱えていて、丁寧に対応できないこともあるからです。

例えば、役員会義の開始時間10分前で、大事な資料の見直しをしているときかもしれな

いのです。いきなり相談してくるあなたに対して、拒絶反応を示す可能性は少なくありません。

それでは、社内の共有スケジュールで上司が忙しそうかどうかを確認すればいいのでしょうか。

いいえ、そう簡単にはいきません。予定表に明記していないだけで、非公開の常務とのミーティングの直前かもしれないからです。あるいは、他の部門長との打ち合わせかもしれません。

役職が上になればなるほど、共有スケジュール管理に書き込めない非公開の予定が入っていることは多くあります。

そこで、一流のリーダーは、必ず相談する前に上司にアポイントをとります。

次のポイントを**まずはメールで送ります。**

① 相談したい時間

② 所要時間

③ 相談内容
④ 自分はどうしたらいいか。あるいは困っている点

ただ、メールは上司が見落とす可能性もあるので、在席していれば、「相談したいことがあってメールしました。いつだったら、よろしいですか」と話しかけます。

離席している場合は、電話の受話器などの目立つところにメモを貼っておきます。

そうやって、アポイントをとっておけば、上司もおざなりの対応はしません。

またあらかじめメールで内容を送っておくことで、上司が答えを準備してくれている場合もあり、相談の時間短縮になります。


しかし、そうはいっても、緊急に時間をとってもらわなくてはならないケースもあります。お客様のいる地域で大きな天災が起こったり、大口の取引先や協力会社の経営上の不安がニュースで露呈したりした場合などです。

この場合は、緊急な対応を要するので、すぐに上司に声をかけなくてはなりません。上司も即対応してくれるでしょう。

Road to Executive

一流は、事前アポイントをとって相談する

☑ 上司に答えを準備をさせておく

仕事の報告

三流は、100%仕上げて上司に見せ、二流は、60%仕上げた段階で上司に見せ、一流は、どのタイミングで見せる?

部長から頼まれて、顧客に提出する企画書を3日間かけて作成したのに、部長は見るなり、つくり直しを命じてきた。このように、一生懸命作成した資料を上司のひと言で差し戻しされた、という経験をお持ちの方は多いでしょう。

この要因は、100%仕上げてから持っていったことです。

では、60%の状態ならどうでしょう。

リーダーなんだから、ある程度できた状態で持っていかないと示しがつかないという考えもわかりますが、これもよくありません。60%まで作成していても、1からやり直せと言う上司もいるからです。

したがって、10％作成した段階で持っていきましょう。

例えば、**パワーポイントで作成するなら、そのイメージを図に書いたラフ案を持っていくのです。必要な表やグラフは手書きします。**また、枚数の多い資料や社内で使うマニュアルなどは目次を作成して見せるのです。

そうすると、上司のイメージとかけ離れたものにはなりにくくなります。たとえまったく違っていても、10％の時間の手戻りですから、そんなに時間を浪費しなくてすみます。

しかし、ここまでやっても、最終的に差し戻しが出る可能性があります。

仮に、過去6カ月の上位30社の月別売上データをとり出して、エクセルの表で作成してくれと言われたとします。

上司「この売上データ、どっからとったんだ？」

リーダー「営業部の月間売上実績ファイルからとりました」

上司「ダメだよ。これは営業部として見せるための数字だから、今回は管理部にあるデータを使ってくれよ。Iさんが持っているから、そのデータを使って」

このように言われても、納得できないでしょう。なんだよ、最初から言ってくれよと思うかもしれません。

このような**食い違いが起きないように、質問のシートをつくっておくのです。**仕事を頼まれたときに、まず確認します。これは部下にも使用させます。

・元となるデータは何を使えばいいですか？
・グラフは折れ線グラフにしますか、棒グラフにしますか？
・最終的に見るのはどなたですか？　また、注意点はありますか？
・期限はいつまでですか？
・部下にやらせても構いませんか？
・極秘資料ですか？
・コストはどれくらいまでかけてもいいですか？

確かに上司が思いつきで当初の予定と変更したりすることもあるので、１００％差し戻しがなくなることはありませんが、それでもだいぶん減るでしょう。

このような仕組みをつくるのもリーダーの仕事です。

Road to Executive

一流は、10％の段階で見せる

☑ 差し戻しの被害を最少にとどめる

部下からミスの報告

三流は、どう乗り切ろうか考え、二流は、すぐに上司に報告し、一流は、どうする?

部下のC君からミスの報告がありました。

A社で20周年記念のパーティーが今日開催されるのに、パーティーで使うソフトドリンク300本が届いていないと、A社の担当者が怒り心頭で電話をしてきたそうです。電話を受けたC君、慌てて業者に連絡すると、なんと明日のお届けになっていることがわかりました。

A社は、年に何度もオーダーをくれる大切なお客様です。

こんなときリーダーは、部下を怒鳴りつけてはいけません。

もちろん、C君の不注意を叱る必要はありますが、今でなくていいのです。事態が収まってから、今後の対策をどうするかという話のときに、叱ればすむことです。

何よりもまずは、状況を把握しなくてはなりません。

その際、大切なのは、冷静になることです。ここで感情をむき出しにして怒ると、部下がすべてを言わないという危険性が出てきます。本来は3つのミスをしていたのに、小さなミスのひとつだけしか言わないといった事態が起きるのです。

まずは、**リーダー自身の感情を落ち着かせ、部下の話を傾聴しましょう。**

そのあとリーダーは、上司へ迅速に、報告・連絡・相談しなくてはなりません。

だからといって慌てて報告するのは好ましくありません。慌てて報告してしまうと、状況をうまく説明できないからです。

また、部下の側からしても、慌てて報告する上司を見ると、「頼りない、心配だ」と、リーダーに対する不信感を抱いてしまうかもしれません。

一流のリーダーは、自分自身も部下も落ち着かせて、状況をまとめてから報告をするようにします。このように書くと、そんな悠長なことをしていて大丈夫かと思う方もいらっしゃるかもしれません。しかし、せいぜい3分から5分程度です。

いきなり上司に要領を得ない報告をして「何が言いたいんだよ」と説教を受けているうちに、5分くらいは簡単に経過してしまいます。大変な状況だからこそ、「急いで動く」のではなく、3分間で伝えることをまとめてから動くのです。

まとめるのに必要なポイントは次の4つです。

①ミスの内容・経緯
②ミスが起こった理由
③どのような対策をとったらいいのか（上司にどう動いて欲しいのか）
④最悪のケースはどうなるか

①に関しては、わかりにくい説明にならないように、5W2Hを網羅している必要があります。

また、③のどのように対応すればいいかは、できれば複数案考えておくといいでしょう。一流のリーダーはこのように秩序立てて報告をするので、上司も判断しやすくなります。

Road to Executive

一流は、上司に報告する前に3分間で話の内容を整理する

☑ 冷静に状況を把握する

Chapter 5

一流の「会議・ミーティング」とは？

時間管理

三流は、結論が出るまでダラダラ行い、二流は、開始時間と終了時間にこだわり、一流は、どうする？

会議は生産性につながる武器にもなりますが、大切な時間を奪う凶器にもなり得ます。リーダーは前者のように、会議を生産性につながる武器にしなくてはなりません。

もちろん、リーダーが、会社全体の会議を仕切れるわけではありませんが、チーム全体の会議なら、自分なりの創意工夫ができるのではないでしょうか。

ダラダラといつまでも続く会議、このような会議が通常業務の終了後にあったら、疲れて次の日まで大きく影響を及ぼしてしまいます。

時間が長い会議ほど、何も生まれないことが少なくありません。

そこで、まず大切なのは開始時間と終了時間を決めることです。スタートの時間がずるずる遅れると、終わりの時間もずるずる遅れます。

開始時間ですが、16時や16時30分とすると、遅れる人も出てきますので、16時5分とか、16時25分など、中途半端な時間にするといいでしょう。半端な時刻設定にすると、その時刻に特別な意味があるような印象を参加予定者に与えて、遅刻を減らす効果があります。

加えて、**所要時間を1時間以上かけるのはやめましょう。**よほどたくさんの議題があるなら別ですが、ひとつの議題に時間をかけるのは25分です。２つの議題があるなら50分です。

25分とは、66ページでも出てきた「ポモドーロテクニック」をもとにした時間で、人が集中できる時間です。

25分という時間でひとつの議題の結論を出そうと考えると、非常に短いのではないかと思う方もいるでしょう。しかし、集中すれば出せるはずです。

ついムダな時間を使っているから、結論までたどり着かないのです。

一流のリーダーは、このムダを徹底的に減らそうとします。そのためにも準備をしっかりすることをチーム内に浸透させています。

会議の目的は主に次の３種類に分けられますが、どの目的かを明確にすることが大切です。

・情報共有
・最終の意思決定
・アイデア出しのブレインストーミング

議題は、事前にメール等でメンバーへ投げかけておきます。会議招集メールの雛型をつくって「目的」「アウトプット」という欄を設け、「目的」を記入してから送ります。資料も事前に送っておきましょう。会議がはじまってからいちいち資料を読み上げていては、それだけで時間をオーバーしてしまいます。参加する前に各々が資料を読み込んでくればいいのです。質問事項があれば、前もってメールでやりとりすればすみます。

また、会議になると、話が脱線しがちです。進行役は、すぐに脱線を引き戻すように注意する必要があります。**ホワイトボードに議題と目的を書いておくのもいいでしょう。**

会議で大切なのは事前準備です。これをチームに徹底させるのも、リーダーの役目です。

Road to Executive

一流は、事前準備で会議の9割を終わらせる

☑ ひとつの議題は25分で終わらせる

進行役

三流は、自らが進行役を務め、二流は、将来のリーダーにやらせ、一流は、誰にやらせる？

リーダーには、「部下を育成する」という大切な目的があります。

「部下育成」は時間がかかるので、生産性と反すると思えることもあります。

しかし、リーダーが仕事を抱えていては、部下がその仕事をできるようにはなりません。

いつまで経ってもリーダーがひとつ上の仕事ができないのは、長期的に見ると生産性が悪いと言えます。


会議は「部下育成」ができる大切な場でもあります。

リーダーは、会議の進行役を自ら行うのをやめにましょう。

もちろん、伝達事項もありますから、会議の冒頭か終わりに発言します。また、会議の中で言い合いなどが起こったり、脱線しそうになったら、口を出す必要も出てくるかもしれません。

でも、できるだけ黒子に徹するのです。

実は、リーダーが進行役をやらないチーム会議はたまにあります。

そういった会議のほとんどは、次世代のリーダー、リーダーの次のポジションにある人が進行役になります。

これは次期リーダーの育成にはとてもいいことだと思います。

リーダー予備軍のうちに、リーダーを体験する機会を増やしておくと、プレイヤーからリーダーへ昇格したときに仕事の移行がスムーズになるからです。

しかし、一流のリーダーは、もっと進行役を広げていきます。新入社員などの若手社員にも進行役をさせるのです。

若手社員からすると、会議で決まったことは仕方ないと、受け身の形で仕事をしてしまいがちです。しかし**自分が進行役をして決まったことは、「自分ごと」として能動的に取り組んでいきます。**

また、チームやメンバーに自分が認められたいという「承認欲求」も高まり、信頼してくれているリーダーやチームメンバーに貢献しなくてはという「返報性の原則」も生まれます。

また、進行役を担当すると、当然、相手の話を聞かなければなりませんので、「傾聴力」がアップします。さらに、場を仕切るという意味で「ファシリテーションスキル」も磨けますし、先輩との「コミュニケーションスキル」、時間通り終わらせるための「タイムマネジメントスキル」なども身につきます。その他にも、いろいろなスキルが学べます。

なお、進行役を若手にしてしまうと、声の大きい人など圧迫感のある人に押されてしまうのではないかと危惧される方もいらっしゃいますが、そのようなときだけは、リーダーが入って、助けてあげればいいのです。

進行役を若手メンバーにも味わわせることは、チーム全体の力の底上げにつながります。

Road to Executive

一流は、すべてのメンバーにやらせる

☑ 次世代のリーダーを育てる

発言

三流は、上役から発言させ、二流は、若手メンバーから発言させ、一流は、誰から発言させる？

かつて私も出ていた、幹部も参加する全体会議でのことです。

その会議では、役員や古参の社員など、大きな声の人ばかりが意見を出していました。若手社員も最初のうちは意見を出していましたが、あまりにも反対され、ときには罵声を浴びるので、そのうち意見を出さなくなってしまいました。

会議の進行役であるリーダーが、声の大きな人を尊重していたのです。自分の上役や先輩がほとんどそうだったからです。

私が今まで見た最悪のリーダーは、事前の打ち合わせでは若手の部下の意見に賛成しておきながら、声の大きな人が反論した瞬間にそちらについてしまった人です。

彼は部下からの信頼をなくしてしまいましたが、自業自得です。これだけは絶対にやってはいけません。

全体会議などのように、リーダーの上役から部下まで参加する会議では、部下を守らなければなりません。

進行役が参加者に自由に話をさせるのはいいように見えますが、たいてい声の大きな人の独壇場になってしまいます。

声が大きくて反対意見を言う人は、現状をベースに考え、変化を嫌うことが少なくありません。その方の意見が当然という雰囲気になるため、部下も意見を出せなくなってしまいます。

こんなときに「もっと、どんどん意見を言おう」なんてリーダーが促しても、誰も発言しません。言ったら反対され、激しく突っ込まれる。まるで、罰ゲームです。

若手メンバーから順に意見を出させる、というのはどうでしょう。

確かに若手メンバーは経験が少ない分、既存の慣習などにとらわれていないので、いい意見が出てくるかもしれません。しかし、自分が安全なとき、つまり意見を承認してもらえると思ったときでないと、なかなか出せません。激しく否定されるのを嫌がります。また、経験や知識が浅いため、本当に意見を出せない場合もあります。

一流のリーダーは、ムードメーカー的なメンバーから話をさせます。チームには場の雰囲気を明るくする人がいるでしょう。例えば、気取らない成績のいいセールスマンなんか、いいでしょう。そのような方がいなければ、ナンバー2的な役割の部下に意見を出してもらうのです。

そのときに、**リーダーは承認するワードや相づちを使うようにしましょう。**そうすると、そのあとの人も意見を出しやすくなります。

声の大きな人対策としては、ホワイトボードを使います。

議題、ひとり当たりの発表の時間、否定禁止などをホワイトボードに書いておき、声の大きな人などが、場を乱したり、長く話し続けたら、ホワイトボードを指して、仕切り直すのです。これなら、気が強くないリーダーでもできるでしょう。実際、私はこのようにしていました。

Road to Executive

一流は、ムードメーカーやナンバー2から発言させる

☑ 意見を出しやすくなる場をつくる

議事録

三流は、途中経過も細かく書き、二流は、決定事項・アクションプランを書き、一流は、何を書く？

ある会社では、2時間の会議の議事録を10時間かけて作成していました。

議事録係は若年層の人達が担当していましたが、彼らはやり玉に挙げられるので、会議中に議事録のメモすら書いている余裕はありません。仕方なく、会議自体を録音して、テープ起こしをしていました。

当然、通常業務と並行して進めているので、議事録が上がってくるのは1週間後です。ひどいときは議事録のために、夜遅くまで残業していることがありました。

忘れた頃にあがってくる議事録、これに何の意味があるのでしょう。

議事録は会議で決まったことを明確に残し、活動につなげるためにあります。**議事録を書くことに時間をかける必要はないのです。**

書くこと自体は、仕事ではなく作業です。本来の仕事は、会議で決まった「やるべき」ことの実行です。リーダーは、その部分を徹底すべきです。

そのために、ホワイトボードを使って、わかりやすく各々の意見を整理しましょう。

また、意見がまとまったら、アクションプランまでしっかり決めます。

なお、曖昧になっている部分は、本人に確認して、すべてクリアにするのもリーダーの役割です。不明確なままにしておくと、「自分がやるとは思っていなかった」などと言い出す人がいるからです。

具体的には、次のポイントを明確にしておきましょう。

①アクション（何をやるのか）
②担当者（誰がやるのか）
③いつ着手するか、締め切りはいつまでか

それを議事録の担当者に書いてもらいます。書式はA４で1枚にまとめましょう。あらかじめ、議事録の定型フォーマットを作成しておくと便利です。

なお、ホワイトボードで書いた図表が複雑で議事録に再現するのが難しかったり、時間がかかる場合は、スマホやデジカメで撮影し、画像を議事録の補足資料として添付しましょう。1枚の画像にしてしまえばいいのです。

一流のリーダーはさらにプラスαを書きます。それは、**途中経過の「確認日時」と「確認方法」**です。

例えば、5月1日新店舗オープンにともなうスタッフ育成のタスクを、新店長が進めるとします。その場合、次のように確認日時と確認方法を決めます。

・4月12日　研修カリキュラムの作成　午後3時からB課長が確認
・4月20日　研修マニュアルの完成　午後3時から1時間ミーティングで確認
・4月24日　研修マニュアルの最終版を完成　午後4時からB課長が確認

決定事項は、実際行動につなげないと意味がありません。一流のリーダーは行動させる、継続させる、そこに力を注ぐのです。

Road to Executive

一流は、アクションプランに対する確認方法まで書く

☑ 会議で決まったことを実行させる

機能していない会議

三流は、上層部の指示だからと思って続け、二流は、会議の廃止を提案し、一流は、どうする?

リーダーになると、プレイヤーのときより、会議に参加することが多くなります。会議といっても「いいアイデアが浮かぶブレインストーミング会議」や「営業の成功事例を共有し、実践できる会議」など有意義な会議もありますが、中には「各々が言いっぱなしで何も決まらない会議」や、「声の大きな人にただ叱られる進捗報告会議」などもあるでしょう。

このような会議にうんざりしているリーダーも、少なくないと思います。

しかし会議は、上司の指示だから仕方ないと聖域化し、他の仕事をする時間がなくなって残業が蔓延化したり、あるいは営業活動などの生産性のある活動に時間を費やせなかったりするのは問題です。

のちのち業績に反映される可能性もあるので、対策はとるべきです。

だからといって、単刀直入に会議の廃止を提案するのは、非常に危険です。

「やる気がないから、そんなこと言ってるんだろう」「積極性がないのは君達だろう」なんて言われかねません。


では、どうしたらいいでしょうか。

この場合、会議をなくすまでいかなくても、毎週1回から月2回に頻度を減らす、あるいは3時間の会議を90分にする、参加メンバーを限定するなど、会議にかける延べ時間を減らす方向に持っていく提案が安全でしょう。

なお、その際、思いつきで言っているのではないという意味で、**自分が参加するすべての会議を数値化します。**

例えば、営業部なら、次のように会議の目的の評価ポイントを決めておきます。

営業手法（新規獲得事例）の共有／競合の情報の共有／方針の通達／問題点の共有／問題点や不安を引き出す／目標に対する対策（各1ポイント）

それを各会議で比較していきます。

月に2回開催している課の会議では、（方針の通達／目標に対する対策）ができるので、合計2ポイント。

毎週開催しているグループ会議では、（営業手法の共有／問題点や不安を引き出す／目標に対する対策）ができるので、合計3ポイント。

グループ会議のほうが、課の会議より1ポイント高いので、課の会議は月2回から1回にしてくださいと説得できるのです。

また、「課の会議に問題点の共有の時間をとる」というのもありでしょう。

この場合、会議は減らないかもしれませんが、以前よりメンバーも積極的になり、機能するでしょう。

Road to Executive

一流は、
会議にかける延べ時間を減らす

☑ 会議の成果を見える化する

Chapter 6

一流の「部下育成」とは？

部下の仕事

三流は、知ろうとせず、二流は、部下よりできるようになろうとし、一流は、どうする？

現代は仕事が複雑になったり、多様化したりしています。取扱商品の種類が多かったり、お客様ごとに仕様が違っていたりして、上司も部下の仕事をすべて理解するのが難しくなっています。

だから、部下の細かいところまで見る必要はないかもしれません。しかし、まったく部下の仕事を把握しようとしないのは問題外です。

経験を積んだ人が、別の知識のない部門でリーダーになった場合、当然リーダーは部下より知識が劣っています。そんなとき、今さら仕事を一から学ぶより、管理経験を活かしながら、効率的にチームを動かそうと考えてしまうのです。

このような考え方では、次のような弊害が生じます。

①部下との信頼関係の構築ができない

部下だって、リーダーがすべての知識を身につけているとは思いませんが、部下の仕事をまったく知らない、例えば商品知識も得ようとしない、そんなリーダーを信頼しようとは思わないでしょう。

リーダーが部下の仕事を理解しようと質問したり、前向きな姿勢を見せれば、部下との信頼関係は構築されます。

部下はリーダーの知識が足りないことではなく、部下の仕事まで降りてくる、というやる気を見ているのです。

②新しい仕組みをつくることができない

ビジネスの変化のスピードの激しい現代において、チームが継続的に成果を出し続けるためには、仕組みづくりをしていかなくてはなりません。

仕組みをつくるためには、リーダーはメンバーより一歩高い視点で俯瞰的に業務を見る必要があります。業務の断片的な知識しかわからないのでは、仕組みをつくれません。

チーム全体を見てどんな仕事があるのか、どの仕事に負荷がかかっているのかを把握する必要があります。

③ 部下のモチベーションが上がらない

部下の仕事を知らない状態で、部下に指示を出しても、モチベーションは上がりません。メンバーが担当している仕事がどこにつながるか、誰の役に立つか、仕事の意義をきちんと伝えるためにも、部下の仕事を把握しておくことが必要です。

知識もスキルもすべてにおいて、部下に負けないようにしようとするリーダーがたまにいます。

しかし、すべてにおいて、部下に勝とうとする必要はありません。そもそも、それは不可能です。

部下に勝てない部分は、サポートに回ればいいのです。

こう考えることは、部下へのリスペクトにもつながります。

Road to Executive

一流は、
全体像さえ把握しておけばいい
と考える

☑ 部下のサポート役を買って出る

ほめ方

三流は、ほめず、
二流は、みんなの前でほめ、
一流は、どのようにほめる？

部下を叱ってばかりで、まったくほめないリーダーがいます。ほめるとつけあがるのではないかと感じているからです。

確かに、部下の行動を改善するには叱ることも必要です。しかし、叱られてばかりでは、部下のモチベーションが低下してしまいます。

「ほめるとつけあがるのではないか」と思われた方は、ほめることをおだてと混同しているケースが少なくありません。

ほめるとおだての違いは、事実かどうかです。事実をほめることは、おだてではありません。ほめずに叱るだけのリーダーは三流です。

みんなの前で、積極的にほめるリーダーはどうでしょう。

私もかつて、ほめるときは皆の前でやっていました。ほめられる部下も、皆の前のほうが気分もいいだろうと思っていたからです。

しかし、若手のA君が少し嫌がっているように思えたので、個人面談のときに聞いてみました。

「A君は、ほめられるのが苦手なのかな？」

すると、A君は、

「ほめられるのは嬉しいのですが……先輩（Cさん）の目を意識してしまうんです」と言うのです。

Cさんは経験もあるので、チームの中でも存在感がありました。ただ、成績はA君に抜かれていて、A君を少し気にいらないようでした。

リーダーの私に対しても構えたところがあり、マネジメントをするのに苦労していたくらいですから、A君が気を遣うのももっともです。

全員の前で特定の人ばかりほめるのは、危険です。

一流のリーダーは、全員の前では優秀な部下をあまりほめません。

むしろ、**成績が苦戦していたり、あるいはパフォーマンスの良くない部下がいいことをした場合こそ、積極的にほめるようにします。**

しかし、そのようなほめ方をしていたら、パフォーマンスのいい優秀な部下は反発するのではないかと思われるかもしれません。

実は、一流のリーダーは、そうならないように、そなえています。

成績のいい部下やパフォーマンスのいい優秀な部下は個別でほめるようにするのです。そうすることで、きちんと承認欲求は満たすことができます。

たまに注目を浴びせて、皆の手本として見せたいなら、期の終わりなどの節目のイベントでスポットライトを浴びせればいいのです。

チームのひずみが崩れるのは、不平等と感じている影響力のある部下の行動から始まります。

リーダーは、全員を平等に見ているということを、示していかなければなりません　だからこそ、皆の前で特定の人ばかりをほめないように注意しなければならないのです。

Road to Executive

一流は、部下を個別に1対1でほめる

☑ 部下を平等に評価する

接し方

三流は、部下に嫌われようとし、
二流は、部下に好かれようとし、
一流は、どのようにする？

リーダーの中には「部下に嫌われてなんぼ」と言う人がいます。

嫌われ役になって、わざと厳しくするということですが、本当に必要でしょうか。

私は、これは三流のリーダーの考えだと思います。なぜなら、人は「嫌いなリーダーについていこう」と思わないからです。

当然、嫌いなリーダーのために頑張ろうとも思いませんし、嫌いな人とはコミュニケーションをとろうとしませんから、報連相も上がってきません。

たまに報連相が上がってきたとしても、いい話ばかりで、本当に必要な悪い話は上がってこないのです。

それでも、嫌われる勇気が大切とおっしゃる方もいます。

しかし、そのような方は、「嫌われる」を誤解している可能性があります。

部下が間違ってやったことを注意する、あるいは叱る、ときには部下が作成してきた資料に改善を求める。これらの行動は「嫌われる」ではありません。

「嫌われる」とは、次のようなことを指します。

・理不尽なことを言う
・自分の感情ばかり優先させて怒る
・やり直す理由を問われても「自分で考えろ」としか言わない
・無責任である
・口ばかりで何もしない

つまり、**部下の行動改善のために、注意したり、やり直しを命ずることは嫌われることではないのです。**

二流のリーダーは、部下に好かれようとします。

しかし、現実のところ、「好かれる」のは非常に難しいことです。「好かれる」を意識してしまうと、「嫌われないようにしよう」ということばかり考えて行動してしまいます。結果、「叱りたくても、部下の気分を害すかもしれないからできない」、「やり直しばかりさせると、部下の気分を害すかもしれないからできない」となるのです。

また、好かれようと「ほめ言葉」を使うのですが、これがおだてのように感じられてしまい、部下のモチベーションは上がりません。

リーダー自身が「部下に嫌われようとする」「部下に好かれようとする」という考え方は自分軸になってしまっています。部下を育成しよう、チームを伸ばそうという視点ではなく、「自分がどう思われるか」という視点になっているのです。

リーダーは「チーム」「部下」という他人軸で考えなくてはなりません。

一流のリーダーは、部下に嫌われる必要も、好かれる必要もないと考えるのです。

部下を適切な行動に改善させるためには、言いにくいことも言いましょう。言いにくいことを言っても嫌われません。嫌われるのは、感情を出した言い方をするからです。

Road to Executive

一流は、
好かれようとも
嫌われようともしない

☑ 感情的にならずに指摘する

自分の魅せ方

三流は、有能なリーダーを演じ、二流は、ものわかりのいいリーダーを演じ、一流は、どのように演じる？

プレイヤーからリーダーに昇格したばかりのとき、リーダーは「仕事のことを何でも知っていて、すべてにおいて部下に勝っていなければならない」と考えてしまいがちです。

現代のように変化の激しい時代において、**リーダーがすべてを知っているということは不可能でしょう。**しかし、完璧さを求めるリーダーは少なくありません。

残念ながら、そのようなリーダーが率いるチームは、リーダーにおんぶにだっことなってしまいます。

メンバーも、リーダーが答えを出してくれるからいいやと、あまり努力をしなくなります。それどころか、リーダーが部下に意見を認めないから、部下のモチベーションも低く、「言われたことだけやっておけばいい」という雰囲気になってしまいます。

そもそも**主役は部下であり、リーダーはサポートする立場です。**

これを知っているリーダーは、部下の話を傾聴することを大切にします。いわゆる、ものわかりのいいリーダーを演じます。

明らかに部下の意見が間違っているなと思っても、即座に否定せず、受け止めます。

「そう思うか」

「そういう考え方もあるな」

また、部下が失敗してしまったときは、ねぎらいの言葉をかけます。そして傾聴します。

確かに部下の話を聞いてあげるようにすれば、部下は仕事がしやすくなり、モチベーションも上がるでしょう。しかし、これだけではまだ一流のリーダーとは言えません。

一流のリーダーは、メンバーにチームという意識を持たせます。

リーダーのAさんは、部下に甘えてお願いばかりしていました。

「○○君みたいな素晴らしい資料、どうやったらつくれるんだ？　教えてくれないか」

「C社から新規の契約獲得、すごいよな！　おめでとう！　どの点が良かったのかな？」

「今、ウチのチームは残り7営業日で、進捗率が60％、どうしたらいいだろう。なんか思うことがあれば教えて欲しいな」

すべて部下に頼って、教えを請いています。このように言われると、部下は必然とチームを意識するようになります。

実はこのAさん、以前の私の上司で、リーダーシップの大きなヒントをくれた人でした。

優秀なプレイヤーだった人が、リーダーになった途端に輝きを失ってしまうケースは、少なくありません。それはプレイヤーのうちから、リーダーシップの素養を身につけるチャンスを与えられていなかったからです。しかし、リーダーが部下に「教えてくれ」と言うことで、必然と部下もリーダーシップの素養を身につけることができるのです。


これ以外にも部下に教えてもらうというのは、2つのメリットがあります。

ひとつ目は、**部下の知識が定着する**ことです。人に教えることは大きな学びとなります。その機会を与えてあげるのです。

2つ目は、**部下の承認欲求を満たす**ことです。リーダーに教えてくれと言われると、部下は頼りにされているんだな、認められているんだなと感じ、モチベーションが上がります。

Road to Executive

一流は、無能なリーダーを演じる

☑ 部下に教えを請う

部下の戦力化

三流は、部下を自分の手足と考え、二流は、部下を役割の違う仲間と考え、一流は、部下をどう考える？

リーダーのAさんは、ひっきりなしに部下へ指示を出していました。

部下を手持ち無沙汰にさせていては、さぼるだけと考えていたからです。常に仕事を与えておかなければならないと考えていたので、部下を自分の手足のように使っていました。

しかし、このように指示ばかり受けている部下のモチベーションは上がりません。

部下をフラットな関係の「パートナー」と位置づけると、モチベーションが上がり、戦力にもなります。上司と部下は「横の関係」と考えるのです。

部下も建設的な意見を出してくれたり、能動的な動きをしてくれるようになるでしょう。

しかし、部下と協力関係を築いて結果を出す、あるいは業績をアップするだけでは、リーダーの役割を果たしているとは言えません。

リーダーには、もうひとつ大事な役割があります。

それは、部下を成長させることです。

これは、「部下を教育する」とは違ったニュアンスになります。「教育」というと、「上から指導する」イメージになってしまいます。

そうではなく、対等でもなく、部下の裏方になるのです。

そもそも、上司と部下の関係では、主役は部下になります。だから、一流のリーダーは部下の強みを引き出すプロデューサーになるのです。**部下の才能でもある強みを見つけて、活かしていくのです。**


強みを抽出するためには、「部下ノート」をつくります。普段から部下とコミュニケーションをとる中で気づいた情報をまとめておくのです。その情報をもとに、部下をプロデュースしていきます。

そのためにも、次の2つのポイントを押さえておきましょう。

①何が得意で何が苦手か

Aさんは、提案資料を作成したり、企画書を作成するのは得意だが、新規のお客様にアプローチしたり、初対面の外部の方とコミュニケーションをとったりするのは苦手である。

このように書いておくことで、仕事の配分を調整することもできます。

②将来のキャリアプラン

Aさんは、マーケティング部の仕事を将来はやってみたいと思っている。

Bさんは、独立したいと思っている。

このように、将来のキャリアプランも書いておきます。

それに対して、今はどの点が足りていないか、どの点ができるようになれば希望に近づけるかを考え、その仕事をさせるのです。

仮に現在本人の強みにならないものでも、やりたいことに近づけるのなら、その仕事を与えましょう。

最初からうまくできるとは限りませんが、意欲と成長スピードは高まります。

Road to Executive

一流は、
部下をタレントと考え、
自分はプロデューサーになる

☑ 部下の強みを最大限に活かす

Chapter 7

一流の「部下とのコミュニケーション」とは？

伝え方

三流は、感覚的に伝え、二流は、数字を使って伝え、一流は、どうやって伝える？

あなたはリーダーとして、次のように部下に指示を出しました。

部下は正確に行動してくれるでしょうか。

「広めの会議室を新宿で用意しておいて」

この場合、部下は30名くらいが収容できる部屋を広めと思うかもしれません。

一方で、リーダーは50名収容できる部屋を求めていました。

このように感覚的な言葉で伝えてしまうと、リーダーと部下で解釈の食い違いが生まれやすくなります。

感覚的な言葉の代表格として、形容詞や副詞があります。つい使ってしまいがちですが、相手に正確に伝わるようにするためにも、できるだけ使わないようにしましょう。

「多い」「広い」をはじめとして、「早い」「かなり」「大きい」「ちょっと」なども注意が必要です。

曖昧な伝え方をしておきながら、あとになって部下に「考えて行動しろよ」「考えればわかるはずだろ」という言い方をするのは、リーダーのエゴでしかありません。

伝え方が上手で、部下がミスをしないように注意しているリーダーは、はじめから「50名収容できる会議室を用意して」と言います。

数字を使って伝えれば、相手も明確に理解することができます。

しかし、そのような万能な数字も、実は2通り以上の解釈ができる場合があります。

例えば、お子さんがテストで80点をとってきました。これはいい成績でしょうか。

一見、80点という点数はいい点数だとほめたくなります。しかし、平均点が85点のテストだったら、平均以下になります。

実は**ひとつの数字だけでは、客観的な判断がしにくいことが少なくありません。**

仮に、新しい商品を導入しようか検討していたとします。

部長からリーダー会議で、以下のようなお達しが出ます。

「お客様に新商品の説明をして、どれだけ興味があるかヒアリングして欲しい。その結果で、6月から導入するか決めたい。1カ月後の会議で結果を発表して欲しい」

1カ月後の会議で二流のリーダーは、部長に次のような報告をしました。

部長：「新しい商品の案内だけど、反応はどうだ？」

二流：「5件のお客様が、興味を持ってもらえました」

部長：「5件……（多いのか少ないのかわからないな）」

これでは、部長は判断がつきません。

このケース、一流のリーダーなら、次のような答え方をします。

一流：「15件ヒアリングして、6件のお客様に興味を持ってもらえました」

部長：「4割の確率か。導入してみるか」

このように分子と分母をしっかり伝えると、判断がしやすいのです。

一流のリーダーは相手がわかりやすいように、状況に応じて、2つの数字を使うようにしています。

Road to Executive

一流は、2つの数字を使って伝える

☑ 具体的に判断できる伝え方をする

仕事の頼み方

三流は、「なるはや」と言い、二流は、「期限」を伝え、一流は、どうやって頼む？

かつて、リーダーになったばかりの頃、私がよく使っている言葉がありました。

「なるはや」という言葉です。「なるべく早く」の略称です。

ついリーダーは使ってしまいますが、非常に危険なワードです。この言葉を使うと、部下は混乱します。どの仕事を優先したらいいのかが、わからなくなるからです。

部下によっては「なるべく」を自分に都合がいいように解釈して、他のすべての仕事より劣後させてしまう人もいます。

部下にきちんと動いて欲しいなら、期限を明確に伝えなければなりません。

期限を定めることは、上司と部下の解釈の食い違いの防止にもなります。

なお、期限を伝える際、「来週くらい」「来週中」という言い方はよくありません。来週のいつがいいのか、わからないからです。

「来週水曜日」でもダメです。リーダーは水曜日と言ったら、水曜日の朝10時と解釈していたのに、部下は夕方と解釈していた。期限通りに仕上げてこないので、聞いたら、「夕方までだと思っていました」なんて答えが返ってくる場合もあります。「来週水曜日の朝10時」と言いましょう。


しかし、期限を伝えるだけでは、まだまだ一流のリーダーとは言えません。

なぜなら、**一流のリーダーは、部下の抱えている仕事の内容を押さえていて、最悪の状態が起こることも想定しているからです。**


部下に頼んでも、すでにたくさんの仕事を抱えていて、部下のできる容量をオーバーしていたら、終わりません。

一流のリーダーはその点を鑑みていて、仕事の総量を調整することを考えます。

ですから、急ぎで優先的にやって欲しい仕事が出てきたら、「やらなくていい仕事」「後回しにしていい仕事」を明確にしています。

いわゆる優先順位の逆の、劣後順位を明確にしておくのです。

優先順位の高い仕事をひとつお願いするときは、併せて劣後順位の仕事をひとつつくる、あるいは後回しにしていい仕事を指示するのです。


また、**できるだけ、期限は部下に決めさせるといいでしょう。**

具体的な方法としては、リーダーから2つ選択肢を出します。

「水曜日の夜には部長へデータを送りたいから、できれば水曜日の朝までに仕上げてもらえるかな。大変だったら、水曜日の正午12時くらいまででもいいよ」

このように伝えて、部下に選んでもらいます。

このケースは若干有無を言わせぬ頼み方のようにも思えますが、二者択一にしています。

仮に二者択一でも、部下が自分で選んだ場合、部下は自分ごとと感じます。

責任を持って、仕事を進めてくれるでしょう。

Road to Executive

一流は、
優先順位を伝え、
期限を一緒に考える

☑ 急がなくてもいい仕事を伝える

表情

三流は、いつもしかめっ面で、二流は、いつも笑顔で、一流は、どんな顔?

部下から悪い報告を受けると、リーダーはつい怖い顔をしてしまいがちです。「またやったのか」「注意が足りないんだよ」「少しは考えろよ」と思い、しかめっ面になってしまうのかもしれませんが、それはよくありません。

このように書くと、「いや、悪いことをした部下を反省させるためにも、厳しい顔をしているんだ」と、反論したくなる方がいらっしゃるかもしれません。

しかし、そもそも部下はこちらから怒らなくても、十分に反省しているのではないでしょうか。それよりも、**報告や相談は、できるだけ早くリーダーのもとに集まるようにしなければなりません。**悪い報告であればあるほど、そうなります。

悪い報告があったその瞬間から怒りだす。そんなリーダーには、部下は心を開きません。

部下の中には、自分の評価がマイナスになるのを恐れて報告しない人もいます。ですから、**「悪い報告でも、遅いときだけ評価を下げる」と伝えておくといいでしょう。**

また、できるだけ笑顔を見せたり、柔らかい表情をするようにしましょう。

失敗して落ち込んでいる部下にとって、リーダーが笑顔なら話を切り出しやすくなります。この点においてリーダーが注意したいのは、部下が話し終わるまで感情をむき出しにして怒ったりせず、最後まで話を聴くことです。

しかし、部下を安心させる「笑顔」ですが、危険も潜んでいます。ときに、部下の信頼を失うことがあるかもしれません。

ここで、かつて私がリーダーだったときのエピソードを紹介します。

部下が新規顧客を開拓しようと、一生懸命にあるお客様のところへ通い続けていました。半年間粘って通ったことで、次年度の企画のコンペに参加できることになったのです。良好な関係も築けてきたので、しっかりとお客様の問題点・ニーズを把握することができました。

企画書をつくる際、部下も張り切って、直前の数日間は深夜近くまで残業していました。

しかし、最後になって、先方の役員が昨年まで使っていた会社から強く懇願され、従来の会社に決まってしまいました。残念な報告の電話を受けた部下は、私に報告にきます。

部下「吉田さん、すいません。A社のコンペ残念ながら元のC社に決まってしまったそうです。役員の意向だそうです。本当に悔しいです」

吉田「そっか。頑張ったんだから仕方ないよ（笑顔で）」

部下「仕方ないじゃないですよ（怒りだす）本当に悔しいです」

部下は怒ってしまいました。このようなケースでは、笑顔で対応するべきではなかったのです。

リーダーは一生懸命やった部下の気持ちに寄り添って、「そうか。悔しいな」と、一緒に悔しい顔を見せるべきなのです。一流のリーダーは、部下と表情を合わせます。

悔しいときは一緒に悔しがる。悲しいときは一緒に悲しむ。

部下に合わせた喜怒哀楽を見せることで、部下はリーダーを信頼するようになるのです。

Road to Executive

一流は、
部下の気持ちに合わせた
表情をする
（ＴＰＯによって表情を変える）

☑ 部下の気持ちに寄り添う

雑談

三流は、私語厳禁にし、二流は、ニュースなどの時事ネタを話し、一流は、何をネタに話す？

かつて私の職場で、仕事中は私語厳禁にしているリーダーがいました。リーダーが静かに仕事をしたいタイプだったからです。

一見能率が良さそうに見えるこのチームでは、次のような欠点が出はじめました。

①部下があまり相談にこない

普段から会話がないせいか、何かを相談すると、非常に目立ってしまいます。よって、リーダーのデスクで相談をすると、みんなに聞かれてしまうのです。それが嫌で、部下は本当に厳しい状態にならない限り、相談にはきませんでした。

もちろん雑談のある職場でも聞こえてしまいますが、シーンとしているわけではないので、あまり目立ちません。

②メンバー同士の協力関係がない

メンバー同士のコミュニケーションがないので、軽く相談することができません。

例えば、雑談をよくしている部署なら、メンバーが先輩に「先ほど訪問した会社なんですが、女性が多く、女性が喜ぶような企画にしたいんですよね」などと、軽く相談ができます。

③部下との距離が縮まらない

いくら仕事上のやりとりはしっかりしているといっても、公式な会話しかない上下関係だと、なかなか本音では話せません。部下は、リーダーに話しかけるのに緊張してしまいます。信頼関係も構築しづらくなります。


では、毎日どのような雑談をしたらいいかというと、ニュースのネタです。

もちろん新聞の朝刊のネタ、ＹＡＨＯＯ！のトップ画面に出てきた芸能人の話、スポーツ選手の話、企業のニュースの話、天気の話、天災の話、場をにぎわしている事件などの雑談をするのもいいでしょう。

一流のリーダーは、雑談を部下とのコミュニケーションを円滑にするだけにとどまらず、部下のことを知るために使っています。

例えば、サッカー日本代表が前日に勝利をしたら、「昨日サッカー観た？」という話題から、「石井君は何かスポーツやるの？」といった話に持っていきます。

なお、この際、**一流のリーダーは、部下が話しやすいように自己開示をしてから質問をするようにします。**

このように部下の情報を知ることで、部下がどんな考えを持っているかを知ることもできますし、何気なく部下が元気がないと思ったら、「最近、テニスやってるの？」といった質問から入ることができます。

また、このときの答え方によって、どれだけストレスを抱えているかを判断することもできます。

Road to Executive

一流は、部下に関するネタで雑談する

☑ 部下の仕事やストレスの状況を把握する

相談のタイミング

三流は、相談しづらい雰囲気をつくり、二流は、いつでも相談してこいと言い、一流は、どのようにする？

報連相が大事なのはわかっている。だから部下に「いつでも相談にこい」と言っているリーダーは、意外に多いでしょう。しかし、そうはいっても、なかなかその通りに実行するのは難しいものです。かつての私がそうでした。

例えば、会議の直前や、部長との打ち合わせ前に限って、部下が相談を持ちかけてくる。「今、忙しいんだよ。見ればわかるだろ。あとにしてくれ」

「急ぎか？　そうでなければ、あとにしてくれ。まったく空気読めよ」

忙しいので、つい強く言ってしまった言葉、これが大きく影響します。

部下の心が離れていきます。部下が反発します。「しまった」と後悔したこと、数知れずです。次からは気をつけようと思うものの、忙しいとつい口走ってしまいます。

1回言ってしまったが最後、最初のうちは「さっきは悪かったな」と謝っても、部下からは信頼されなくなってしまいます。

これに対して、リーダーから部下のもとへ降りていき、相談を持ちかけながら、気になっている仕事の進捗状況を訊いたりする方法もあります。

しかし、これでは賄いきれないケースも少なくありません。

では、一流のリーダーはどのように対応しているのでしょうか。

まず、外資系アパレルメーカーのトリンプインターナショナルジャパン社が運用しているユニークな制度を紹介したいと思います。

トリンプは、「がんばるタイム」という時間を設けています。どのような制度かというと、毎日2時間（12時30分〜14時30分）は、コピー・電話・立ち歩き禁止。部下への指示や上司への確認も禁止です。

これは、**自分の仕事だけに集中するための貴重な時間を確保する**のが理由だそうで、ヒット商品「天使のブラ」もこの時間に生まれたそうです。

この制度をヒントに、私は似たようなことをしました。どういうことかというと、相談禁止の時間を設けたのです。

ルールとして毎日15時から16時までと決めるのもありですし、リーダーが朝礼で今日の相談禁止タイムを伝えるのもいいでしょう。

このように相談禁止の時間をつくっておけば、忙しくしているときに部下が相談して困ることもなくなるでしょう。

ただ、このような相談禁止の時間を設けると、緊急事態が発生した場合は、どうすればいいかという意見も出てくるかもしれません。

そこで、**緊急対応が必要な場合は、声をかけずにメモを電話の場所に貼ってもらいます。**そうすると、会話がなくてもリーダーは何かあったのだなと気づくことができます。

また、全員一緒に禁止タイムにはしません。そうすることによって、リーダーには相談できないけど、別の先輩に相談はできるようになります。

Road to Executive

一流は、相談禁止の時間を決めておく

☑ 仕事に集中する時間をつくる

Chapter 8

一流の「チームづくり」とは？

ナンバー2

三流は、ナンバー2などいらないと考え、二流は、成績でナンバー2を決め、一流は、何でナンバー2を決める？

リーダーになると、すべてにおいて自分ひとりでチームを引っ張っていかなければならないと思ってしまう人がいます。かつての私もそうでした。しかし、すべての部下を管理するのは難しいです。

部下の中に、成績も人柄も良く、チームの補佐的な役割になってくれそうなタイプの人がいたとします。

それなのに、リーダーによっては、すべての部下をフラットに考えて、補佐役になりうる部下にも新人と同じように細かく指示したり、管理したりしてしまう場合があります。

これは、非常にもったいないです。

チームとしての機能が、補佐役の部下に協力してもらうことで、良くなるからです。

チーム力を伸ばしているリーダーは、ナンバー2の部下が活躍できる環境をつくります。小さい組織でもナンバー2は必要です。

部下の中には、疑問やわからないことがあるときに、リーダーではなく同じプレイヤーである先輩に聞く人もいます。同じプレイヤーのほうが聞きやすいからです。同じ現場に立って、後輩を見ている部下だからこそ気づく視点は、必ずあるものです。また、リーダーとしてもチーム内に相談役がいると、マネジメントがスムーズになります。**リーダー自身、ナンバー2に意見を出してもらうことで、判断や指示・依頼が独りよがりになることを防げる、というメリットもあります。**

さらには、リーダーはいつまでもそのチームの長でいるとは限りません。部署を異動するかもしれませんし、さらには今以上の上級管理職に昇格するかもしれません。よって、ナンバー2の部下を置き、次世代リーダーとしても育成する必要があるのです。

トップセールスマンでエース級の活躍をしていた人が、マネージャーになった途端、失敗してしまい、輝きを失ってしまうというケースは少なくありません。

しかし、**管理職に昇格する前にナンバー2を経験して、マネージャーの疑似体験をしておけば、スムーズに管理職の仕事ができるようになるでしょう。**

ここで、ナンバー2を選ぶ基準について触れておきます。

一番やってはいけないのは、成績だけで決めることです。

成績はいいけど自分のことしか考えていない人、あるいは一番成績は上げているけど新人で少し生意気な人、このような人達を選んでしまうと、他のメンバーも選ばれた本人も不幸になってしまいます。

他のメンバーから信頼されていないため、メンバーとリーダーの橋渡し役にはなれません。

ナンバー2には、スキルや目標達成能力はもちろん、自分が持っている力をチームのために積極的に使おうとする人、利他の精神を持っている人を登用すべきです。

Road to Executive

一流は、
人柄でナンバー2を決める

☑ チーム内に相談できる人を置いておく

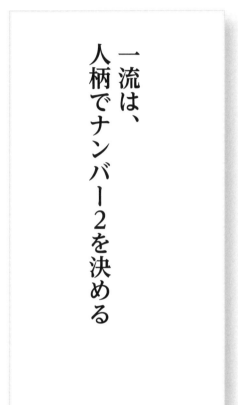

権限移譲

三流は、作業を与え、二流は、自由を与え、一流は、何を与える？

リーダーの中には、部下が一人前ではないと思い、細かく作業を指示する人がいます。

例えば、ある企業と面談のアポイントをとるように指示した場合、

「メール送る前に下書きを書いたら見せて」

「どの資料を添付する？」

「もしメールが返ってこないようだったら、電話して」

と、ここまで細かく作業の指示を出す人です。

こうすると部下は、「自分は言われたことだけをやっておけばいい」と思ってしまいます。

ましてや、指示以外のことを部下がやったときに、「なんで指示以外のことをやるんだよ。まずは指示したことをきちんとやってくれよ」なんて言ってしまったら、もう終わりです。

部下は何も自発的にやらなくなってしまいます。

最近のリーダーの悩みの中に、部下が指示待ち族になっているということが挙げられていますが、これはリーダーの責任です。

リーダーは部下に仕事を頼むとき、「この部分は、N君が考えて」と、自由にやれる余地を少しでもつくってあげることです。

しかし、自由を与えるだけだと、部下によっては適当にやる者もいます。だから一流のリーダーは、プラスで「責任」も与えます。

責任を持たせると、部下は真剣になります。一生懸命に考えるようにもなりますし、凡ミスをしたり、途中で投げ出したりすることもなくなります。

ただし、**「責任をすべて部下に負わせる」のはいけません。**

そうすると、部下はリーダーを信頼しなくなります。無責任なリーダーである、と自ら公言しているようなものですから。

責任は、主に３つに分けられます。

①　遂行責任
②　報告責任
③　結果責任

すべてを部下の責任にするのではなく、①と②を部下の責任にするのです。そうすることで、部下は途中で投げ出すこともなく、やり切りますし、報告もきちんとしてきます。③に関しては、リーダーの責任にします。そうすることで、部下も安心して仕事にとり組めます。部下からすれば、自分が約束通りに報告をしっかりし、きちんと最後まで遂行すれば、仮にうまくいかなくても、リーダーが責任をとってくれると考えられるからです。

仕事が遂行（完了）できなかった場合、リーダーにまったく責任がないという考えは、ナンセンスです。やはり上役ですから、責任は生じます。

部下が未熟で心配な場合は、報告を密にもらうことです。

Road to Executive

一流は、責任を与える

☑ 部下の自主性を育む

他の部署に対して

三流は、自分の部署の利益を最優先させ、二流は、他部署に迷惑をかけないようにし、一流は、どうする？

営業のリーダーAさんは、社内の他部署に対して常に不満を抱え、ぶちまけていました。

「営業は暑い日も寒い日もかけずり回ってお客様を開拓しているのに、事務、企画、生産部門はのんびりしている」

「急ぎの対応をしてくれないし、常に納期は5日欲しいなんて言ってくる」

「他の会社は納期がもっと早い、少しは営業のことも考えて欲しい」

当然、毎日のようにこの話を聞かされているAさんの部下達も、他の部署に対して不満を持つようになります。そして、その不満は、当然相手にも伝わります。

事務部門からは、こんな声が上がってきました。

「Aさんのチームはいつも書類に不備があって、仕事がストップしてしまう」

企画部門からは、

「Aさんのチームは、企画書を3日で作成してなどと言ってくることがしょっちゅう。なんでいつも時間に追われているの？　他のチームは、もう少し余裕を見てくれるのに」

生産部門からは、

「Aさんのチームは、急に300個、明後日の朝までに納品して欲しいなどと夕方に言ってくる。この前なんて徹夜でいいからやれだって」

Aさんのチームは他部署との関係がかなり険悪になり、Aさんのチームの仕事は後回しにされるようになりました。


一方で、同じ営業の別のチームのBさんは、他の部署に迷惑をかけないように気を遣っていました。仕事を依頼するときも、作業が溜まっていないかを確認して、丁寧にお願いします。

また、納期がイレギュラーな対応になる場合、理由を明確にするよう部下に徹底していました。

そのおかげでBさんは、関係部署からの評判も良好でした。

しかし、一流のリーダーかどうかというと、いささかもの足りません。

一流のリーダーは、他の部署に迷惑をかけないようにではなく、他の部署が納得してくれる『仕組み』を相手軸でつくるのです。

例えば、お客様に製品の納期を伝える場合、事前に生産部門から納期はどれくらいの幅を持たせたるのがいいかを、ヒアリングしておきます。

また、他部署に提出する依頼書もわかりやすくします。どの項目が必要で、どの項目がいらないかをそれぞれの部に判断してもらいます。

つまり、できるだけ業務が円滑になるように、営業リーダー側から積極的に打診していくのです。**他部門との調整は、リーダーの重要な仕事のひとつです。**

ビジネスは、必ずしも思い通りにいかないこともあります。どんなに納期などに余裕を持たせていても、緊急な対応をしなくてはならないケースも出てきます。こんなときでも相手軸を持って接していれば、他部署も協力してくれるのです。

Road to Executive

一流は、
相手の視点で仕組みをつくる

☑ 他のチームが
仕事をしやすいように配慮する

仕事の配分

三流は、できる部下の仕事を増やし、二流は、平等に配分し、一流は、どうする？

リーダーのAさんには、営業事務を担当しているHさんという非常に仕事ができる部下がいました。Hさんは、他の人の3倍の仕事をこなしていました。

リーダーもHさんが夜遅くまで残って仕事をしているので、少し心配はしていました。しかし、Hさんは面談で、「将来、マーケティング部に行きたいから、できるだけ資料作成の仕事をたくさんやりたいです」と頼もしいことを言っていたので、安心していました。

できる部下に仕事が多くなるのは仕方ないと、リーダーAさんは思っていたのです。

しかし、ある日突然、Hさんが辞表を提出してきたのです。理由は、自分ばかり仕事が多いのに給料が変わらない、という待遇に不満を持ったからだそうです。

実は、このような出来事は少なくありません。

やはり仕事の配分は、平等にしないといけません。

しかし、現実は、できる人に仕事が多く配分されてしまいます。

何よりも営業などの部署では、お客様を開拓し、お客様の数が増えれば増えるほど、仕事は多くなっていきます。事務処理などの仕事も、増え続けているケースが少なくありません。

人員を増やせればいいのですが、なかなかそうもいかないのが実情です。

そんなとき一流のリーダーは、一部の仕事をやめることを検討するのです。

仕事の中には、やらなくていいものもたくさんあるはずです。

例を挙げてみます。

・記入項目ばかり多い割には、まったく機能していない日報
・定期的に作成はしているものの、ほとんど誰も見ていないデータ
・誰も見ていない毎週つくる商品別売り上げデータ

その他にも、急ぎの依頼と言う割には、急ぐ必要のないものもあるでしょう。

次のように**仕事を減らすことを考え、もっと楽で効果のある仕組みをつくる、これこそリーダーの大切な仕事です。**

・この仕事をなくした場合の不利益は何か？
・既存の何かでカバーできないか？
・頻度をもう少し減らすことができないか？
・アウトソーシングできないか？

誰かに仕事が集中してキャパオーバーになっていたら、何かムダな仕事をしていないか、何か代用できないか考えてみることです。

また、ひとつ仕事が増えたらひとつ減らす**「一増一減主義」**をとるといいでしょう。

モノと同じですね。

Road to Executive

一流は、
一部の仕事をやめられないか
検討する

☑ ムダな仕事はやらない

プレイングマネージャーの成績

三流は、1位になってなめられないようにし、二流は、部下と一緒に数字をつくり、一流は、どうする？

本書を読む方の中には、プレイヤーの仕事をしながら、マネジメントも兼ねるプレイングマネジャーの役割の方も少なくないでしょう。

営業や販売の仕事で言えば、部下を持ちながら自分の数字も持つことになります。

その際、絶対にどの部下にも負けないようにしなくてはならない、自分が1位にならなくてはいけない、と考える人がいます。

この考え方には問題があります。なぜなら、自分最適化になっているからです。

ある部下が自分の数字を追い越しそうになっているとき、負けないように頑張るのはいいですが、チームのマネジメントよりも自分の成績を優先させてはいけません。

リーダーは、自分だけを最適化するのではなく、「チーム」という全体を最適化しなくてはならないからです。

できるリーダーは、部下と一緒に数字をつくろうと考えます。

主役は部下と位置づけ、自分はアドバイスをする側に回ります。

一方で、チームの目標にたどり着くために、自分が現場に入って数字を上げて目標達成しようと考えるリーダーがいます。


かつて私がプレイングマネージャーだった頃、私自身の営業成績は全社でトップなのに、チームの成績は今ひとつということがありました。

チームの一カ月の売り上げ目標は定められていましたが、月の真ん中くらいになると、「このままの推移では、達成率が90％くらいまでしかいかず、未達で終わりそうだ」ということがわかります。そこで私は自分のエリアで営業をして、チームの目標をカバーしていました。

部下に数字の割り振りをしたものの、彼らは「最終的にリーダーが何とかしてくれるだろう」という気持ちから、モチベーションが上がっていませんでした。自分ごとと思ってもらえなかったのです。

このままだと、いつまでも自分が現場で営業をしなくてはなりません。チームとして新しい施策などを考える時間がないのです。

そこで、メンバーの営業に同行し、アドバイスするようにしました。また、自分のエリアを部下に譲渡するようにもしました。そして会議では、思い切って次のように伝えたのです。

「もう俺の個人成績はビリでもいい。その代わり、皆に同行営業して、数字をつくっていきたい」

ここまで伝えると、部下の動きは変わりました。

部下が積極的に営業のスキルを磨くようになったのです。

いつまでもリーダーが、「自分が自分が」とプレイヤーでいては、チームが成長しません。

プレイヤーの仕事は、部下にどんどん移行していきましょう。

そうすることで、チームも成長しますし、リーダーも新しい仕事にとり組むことができるようになっていきます。

Road to Executive

一流は、
チームの目標が達成できれば、
自分が最下位になってもいい
と思う

☑ プレイヤーの仕事を
部下にどんどん譲渡する

メンバー間の対立

三流は、2人を別々に呼んで話し、二流は、2人を一緒に呼び出して和解させ、一流は、どうする？

リーダーは困っていました。

部下のAさんとBさんが対立して、チーム内の雰囲気を悪くしていたからです。

チーム内の敵対的ライバル関係をどうするか、チームとしてはなかなか難しい問題です。

2人はチームにとって大きな存在でしたので、何とかしなければならないと、リーダーは頭を抱えていました。

このようなケースでやってはいけないのは、2人を別々に呼び出して注意することです。

また、仮に10年目の社員と2年目の社員が対立している場合、弱い立場の2年目の社員につけばいいという考えも非常に危険です。

確かに明らかなパワハラの場合は別ですが、そうでなければ公平な視点で見ていく必要があります。

この場合、まずは2人を呼んで3人で話し合う場をつくる必要があります。その際、まずは2人にIメッセージを使ってほめ言葉を投げかけます。

「Aさんにはいつも新規開拓でチームを引っ張ってもらっていて、助かっているよ」

「Bさんには、わかりやすい提案資料を作成してもらっていて、チーム内でも助かっているよ」

このIメッセージというのは、「私」を主語にした言い方であり、あくまでも自分の気持ちや感じたことをただ伝えるだけというものです。

「私はこう思うよ」というメッセージですので、相手にわざとらしいと感じさせません。

このIメッセージを2人に伝えたあと、次のように呼びかけてお願いをします。

「今日は相談なんだけど、おかげさまで、今チームはいい状態だが、さらにいい状態にもっていきたい。そんなときに2人の力が合わさると、すごく強力なチームができると思うんだ。力を貸してくれないか」

ただ、呼び出して和解させようとしても、一時的にはいいかもしれませんが、また知らぬ間に対立状態になっていく恐れがあります。

だから、**3人でミーティングをするようにしたり、プロジェクトをつくったりして、2人が顔を合わせる機会を増やすようにしていくのです。**

たいていの対立している原因は、会話量の不足から生じています。

お互いのことを知らないから、主観や思い込みによる嫌悪感や嫉妬が生まれてしまうのです。そうした事態を防ぐためにも、2人がお互いを知る場を設けていくのです。

リーダーは3人で仕事を進める機会をつくります。

すぐに仕事が浮かばないなら、3人でミーティングをする機会を設けるのです。その際、リーダーは2人に相談を持ちかけるといいでしょう。

メンバー間の対立は、会話量を増やす機会をつくれば、たいてい解消できるのです。

Road to Executive

一流は、対立している2人を組ませて仕事をさせる

☑ 対話する機会と量を増やす

おわりに

最後まで、お読みいただき、ありがとうございます。

いかがでしたでしょうか。

一流らしい行動をとれているな、まだまだ一流ではない部分が多いななど、それぞれの方がいろいろな感じ方をされたのではないかと思います。

その中で、私がお伝えしたいことは、すべてが現時点で一流でなくてもいいということです。

むしろ完璧さを求めようとしてしまうと、リーダーは悪い方向に行ってしまいます。

できていないことは、たくさんあってもいいと思います。

私は数多くの一流のリーダーを見てきましたが、完璧な方はほとんどいません。むしろ、一流のリーダーは、自分ができていないことを自己開示しています。

その上で、できないことは部下の力を借りたり、関係者の力を借りたりしています。気負わず、遠慮せず、他の人の力を借りていいのです。

私自身、普段から研修や面談などでリーダーの方々と接していますが、「完璧さは必要ありませんよ」と伝えると、皆、明るい顔をされます。


カリスマ性なんか必要ありません。

完璧さも必要ありません。

人間らしくできないことはオープンにする。


これでいいと思います。

今はできていなくても、これからできるようにすればいいのです。

どんな名リーダーも見えないところで、失敗や苦労を重ねて、現在に至っています。リーダーの仕事は、七転び八起きでいいと思います。

ですから、本書の内容をすべて完璧に実践しようと考えないでください。ひとつひとつできることから実践していってください。

リーダーのスキルはあまり即効性のあるものではありません。ですから、なかなか成長をご自身でも実感できないかもしれません。

しかし、必ず成長はしています。

いきなり1キロの成長は難しいかもしれませんが、毎日1ミリの成長ならできます。無理はしないで、小さな継続をしていきましょう。

無理をすると、メンタルに支障をきたしてしまうなんてことも聞きます。

本書を通して、リーダーの仕事の楽しさ、やりがいを再認識していただければ、著者としてこの上ありません。

実は私には夢があります。

それは、

リーダーを明るく元気にする。

そうすることで、部下も元気にする。

明るさがどんどん伝染していき、社会を明るくする。


というものです。


最後に、本書を執筆するにあたっては、多くの方々にお世話になりました。

特に、明日香出版社の久松圭祐さんには、この場を借りて心から感謝を申し上げます。

前作に続き、企画の立案から、校正までたくさんのアドバイスをいただき、本当にありがとうございました。

また、取引先の方々、いつも応援いただいております皆様にも、心より感謝申し上げます。

まだお会いしていない読者の皆様にもどこかで、お会いできることを楽しみにしております。

２０１７年３月　吉田幸弘

■著者略歴

吉田　幸弘（よしだ・ゆきひろ）

リフレッシュコミュニケーションズ代表
コミュニケーションデザイナー・人財育成コンサルタント・上司向けコーチ

成城大学卒業後、大手旅行会社を経て学校法人へ転職。1年間で70件以上の新規開拓をし、広報リーダーになるも、「怒ってばかりの不器用なコミュニケーション」でチームをガタガタにしてしまう。結果、職場を去らなければならない羽目になり、外資系専門商社に転職。

転職後も、周囲のメンバーとうまくコミュニケーションが取れず、降格人事を経験し、クビ寸前の状態になる。

その後、異動先で出会った上司より「伝え方」の大切さを教わり、ポイントを絞ってわかりやすく伝える方法を駆使し、劇的に営業成績を改善。5か月連続営業成績トップになり、マネージャーに再昇格。

マネージャーになってからはコーチングの手法を用いた「部下を承認するマネジメント」及び中国古典をベースにした「ストレス耐性力アップ術」により、離職率を10分の1とし、売上げも前年比20%増を続け、3年連続MVPに選ばれる。

その後、社外でもコンサルタントとして活動し、クライアントの数が増えてきたため、2011年1月より独立。

現在は経営者・中間管理職の方向けに、人材育成、チームビルディング、売上げ改善の方法を中心としたコンサルティング活動を行なっている。「管理職研修」をはじめ、「営業力アップセミナー」「褒め方・叱り方・伝え方をベースにしたコミュニケーションセミナー」「モチベーションアップセミナー」「上司の総合力をアップする上司塾」などを主催。

現在、全国の企業、商工会議所、法人会などで年間130本以上講演・研修に登壇しており、わかりやすく実践的ですぐに行動に移せる内容と評判を得ている。


THE21、日経ウーマン、Big Tomorrow、週刊SPAなど雑誌の取材も多く、マスコミでも多数紹介される人気講師。

著書に「部下がきちんと動く　リーダーの伝え方」（明日香出版社）、「部下のやる気を引き出す　上司のちょっとした言い回し」（ダイヤモンド社）、「部下を育てる承認力を身につける本」（同文舘出版）がある。


「自分が変われば、どんな相手も変わる」がモットー。

本書の内容に関するお問い合わせ
明日香出版社　編集部
☎(03) 5395-7651

リーダーの一流《いちりゅう》、二流《にりゅう》、三流《さんりゅう》

2017年　4月　17日　初版発行
2017年　5月　15日　第16刷発行

著　者　吉《よし》田《だ》幸《ゆき》弘《ひろ》
発行者　石野栄一

明日香出版社
〒112-0005 東京都文京区水道 2-11-5
電話 (03) 5395-7650（代表）
(03) 5395-7654（FAX）
郵便振替 00150-6-183481
http://www.asuka-g.co.jp

■スタッフ■　編集　小林勝／久松圭祐／古川創一／藤田知子／田中裕也／大久保遥／生内志穂　営業　渡辺久夫／浜田充弘／奥本達哉／平戸基之／野口優／横尾一樹／関山美保子／藤本さやか　財務　早川朋子

印刷　株式会社文昇堂
製本　根本製本株式会社
ISBN 978-4-7569-1893-2 C0034

編集担当　久松圭祐

強いチームをつくる！
リーダーの心得

伊庭 正康 著

ISBN978-4-7569-1691-4
本体 1400 円+税　B 6判　240 ページ

リーダーは資質ではなく姿勢・コツがものを言うというスタンスを実例をあげながら紹介します。コミュニケーションのとり方、チームビルディング、目標設定＆実行など、具体的にとるべき行動とそのコツを実体験を交えつつやさしく解説します。

あたりまえだけどなかなかできない 上司のルール

嶋津　良智 著

ISBN4-7569-1030-0
本体 1300 円＋税　Ｂ６判　216 ページ

上司の仕事の究極は、部下に仕事を任せきり、部下の成長を見守ることです。そこにいきつくためには、密にコミュニケーションをとり、部下に自主性を促していくことがポイントになります。著者の数々の経験をひもときながら上司論を展開します！

「できる上司」と「ダメ上司」の習慣

室井 俊男 著

ISBN978-4-7569-1608-2
本体 1500 円＋税　B 6 判　240 ページ

できる上司とできない上司の習慣の違いを 50 項目でまとめました。

目標達成、部下育成、コミュニケーションなど、上司が持っていなければならないスキルをどのようにして身につけるのか、どのように使えばいいのかを解説しています。

仕事が「速いリーダー」と「遅いリーダー」の習慣

石川　和男 著

ISBN978-4-7569-1840-6
本体 1500 円＋税　B 6 判　240 ページ

プレイングマネージャーと言われる管理職が増えてきました。彼らは、実務をこなしながら、部下の面倒も見なければなりません。従って、毎日忙しい日々に追われ、自分の時間を持つことができないのです。本書は、リーダーの仕事を早く行うための習慣を 50 項目にまとめました。

部下がついてくる、動いてくれる
リーダーの教科書

室井 俊男 著

ISBN978-4-7569-1859-8
本体 1500 円＋税　B 6判　240 ページ

部下がリーダーの言うことを聞かなければ、チームの成績が向上することはありません。リーダーとして認めてもらい、部下と信頼関係を築く必要があります。リーダーとしてどのような言動をとればいいか、どのような志を持っていればいいかを人達の格言と共に 50 項目でまとめました。

部下がきちんと動く リーダーの伝え方

吉田 幸弘 著

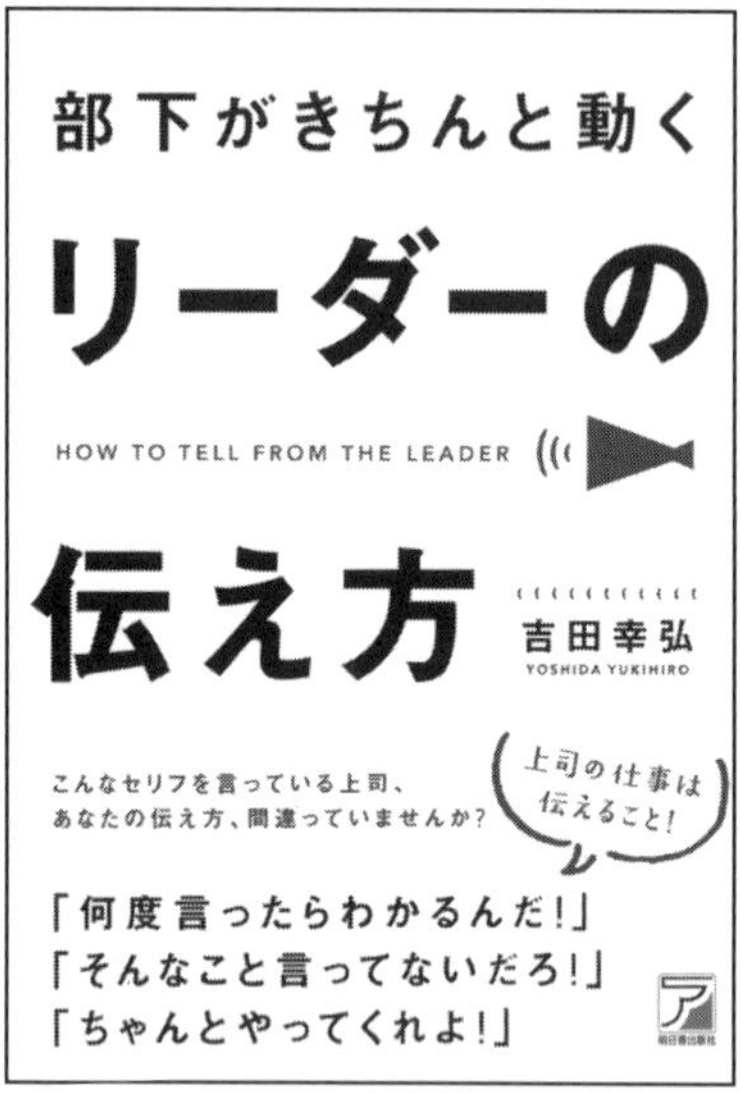

ISBN978-4-7569-1795-9
本体 1500 円＋税　B 6 判　232 ページ

部下を叱ったら、何日もムッとされコミュニケーションがおかしくなった。教えたつもりが伝わっておらず、部下がミスをおかした。ホウレンソウを指導しているが、いつもタイミングが遅い。『思い』が伝わらない、説明したことができない、こんな悩みを解決するための、指南書です。